2023—2024 年中国工业和信息化发展系列蓝皮书

2023—2024 年 中国消费品工业发展蓝皮书

中国电子信息产业发展研究院　编　著

秦海林　主　编

李博洋　代晓霞　杨俊峰　副主编

电子工业出版社·

Publishing House of Electronics Industry

北京·BEIJING

内 容 简 介

本书基于全球化视角，从 2023 年全球及我国消费品工业的整体发展态势入手，详细介绍了我国消费品工业重点行业、典型地区、典型园区、重点企业的发展状况，梳理并剖析了国家相关政策对消费品工业发展的影响，研判了 2024 年我国消费品工业及其细分行业的发展走势。本书共包括综合篇、行业篇、区域篇、园区篇、企业篇、政策篇、展望篇 7 篇。

本书可为政府部门、相关企业，以及从事相关政策制定、决策管理和咨询研究的人员提供参考，也可以供高等院校相关专业的师生及对消费品工业感兴趣的读者阅读。

图书在版编目（CIP）数据

2023—2024 年中国消费品工业发展蓝皮书 ／ 中国电子信息产业发展研究院编著 ； 秦海林主编. -- 北京 ： 电子工业出版社，2024. 12. -- （2023—2024 年中国工业和信息化发展系列蓝皮书）. -- ISBN 978-7-121-49399 -7

Ⅰ. F426.8

中国国家版本馆 CIP 数据核字第 2024F73D59 号

责任编辑：王天一
印　　刷：中煤（北京）印务有限公司
装　　订：中煤（北京）印务有限公司
出版发行：电子工业出版社
　　　　　北京市海淀区万寿路 173 信箱　　邮编：100036
开　　本：720×1 000　1/16　印张：10.25　字数：225 千字　彩插：1
版　　次：2024 年 12 月第 1 版
印　　次：2024 年 12 月第 1 次印刷
定　　价：218.00 元

凡所购买电子工业出版社图书有缺损问题，请向购买书店调换。若书店售缺，请与本社发行部联系，联系及邮购电话：（010）88254888，88258888。

质量投诉请发邮件至 zlts@phei.com.cn，盗版侵权举报请发邮件至 dbqq@phei.com.cn。

本书咨询联系方式：（010）88254151，wangtianyi@phei.com.cn。

前 言

　　消费品工业是国民经济和社会发展的基础性、民生性、支柱性、战略性产业，涵盖了轻工、纺织、食品、医药等工业门类。改革开放 40 多年来，我国消费品工业稳步、快速发展，规模持续壮大，结构不断变化，技术装备水平稳步提高，产品质量水平持续提升。我国已培育了一大批国内外知名品牌，已经建立了较为完善的产业体系，国际化程度日趋加深，我国已成长为世界消费品制造和采购中心，对国内外消费需求的保障和引领作用进一步增强。

　　2023 年是全面贯彻党的二十大精神的开局之年，是三年新冠疫情防控转段后经济恢复发展的一年，也是消费品工业持续深入实施"三品"战略的关键一年。2023 年，受内需恢复不及预期、出口明显下滑等多重因素影响，叠加 2022 年增长基数较高的原因，我国消费品工业整体增长乏力。但从全年走势来看，生产、营收、投资、消费等主要经济指标总体呈现"持续恢复、整体好转"的特点，部分细分行业的发展情况表现突出，已达到或超过新冠疫情前同期水平。

　　进入 2024 年，我国消费品工业需要应对不确定性与机遇并存的挑战。国际方面，国际秩序仍处于大调整、大分化、大重组的变动期，我国消费品工业产业链供应链面临着前所未有的外力冲击，消费供需修复分化，出口形势暂不明朗；国内方面，各项促消费政策落实落地，消费市场持续释放新潜能，形成有力的需求牵引，推动消费品工业平稳快速发展。

为全面把握过去一年我国消费品工业的发展态势，总结和评述消费品工业领域的一系列重大问题，中国电子信息产业发展研究院消费品工业研究所在积极探索实践的基础上，继续组织编写了《2023—2024 年中国消费品工业发展蓝皮书》。该书基于全球化视角，从 2023 年全球及我国消费品工业整体发展态势入手，详细介绍了我国消费品工业重点行业、典型地区、代表性企业的发展状况，梳理并剖析了国家相关政策对消费品工业发展的影响，预判了 2024 年我国消费品工业及其细分行业的发展走势。全书共分综合篇、行业篇、区域篇、园区篇、企业篇、政策篇、展望篇七个部分。

综合篇：从整体、区域和国家重点行业 3 个层面分析了 2023 年全球消费品工业的发展情况，从发展现状、存在问题两个维度分析了 2023 年我国消费品工业的发展状况，并提出相关对策与建议。

行业篇：选取纺织工业、医药工业、食品工业和锂电储能工业四大行业，从生产、效益以及重点领域/重点产品 3 个维度分析行业发展态势，剖析存在的突出问题。

区域篇：以典型地区为切入点，分析 2023 年我国主要地区消费品工业的发展情况，重点分析各地区的基本运行情况，并总结归纳各地区消费品工业的发展经验、启示与建议。

园区篇：从园区基本情况、典型经验做法、园区龙头企业 3 个维度入手，介绍园区建设的典型模式，并总结分析其成功经验。

企业篇：选取轻工、食品、医药、电池等行业中发展较好，具有代表性的几家企业，就其发展历程、发展战略及发展启示进行了分析和整理。

政策篇：梳理总结了 2023 年我国消费品工业领域出台的重点政策，介绍了各行业政策的主要内容和发力点，分析了政策对行业未来发展的影响。

展望篇：首先，梳理了国内主要研究机构对 2023 年全球消费品工业发展形势的研判；其次，从整体、重点行业两个方面对 2024 年我国消费品工业的发展态势进行研判。

2024 年，我国消费品工业发展面临多重不确定性和不稳定性，但同时也蕴含有利因素与新机遇。为推动消费品工业加快发展新质生产力，必须全面贯彻党的二十大和二十届二中全会精神，坚持稳中求进、以进促稳、先立后破，深入实施消费品工业"三品"战略，大力提升消费品工业产品和服务供给能力，夯实扩大内需战略的供给基础，着力推进 4 个方面的工作：一是培育壮大新增长点，增加升级创新产品供给；二是促进产业链协调发展，形成梯度发展产业布局；三是坚持高水平对外开放合作，激发内外贸市场新动能；四是强化服务与指导，完善政策标准体系。

《2023—2024 年中国消费品工业发展蓝皮书》践行国内国际双循环、消费升级、绿色消费等理念，为我国消费品工业可持续发展提供了实践指导和研究支撑。本书的出版将有利于深化业界对消费品工业各领域的认识，有利于推动消费品工业向高质量、绿色化、数字化方向发展。由于消费品工业包含的行业众多，国家间、行业间、地区间的差异大，需要深入探讨和专题研究的问题很多，因此书中疏漏在所难免，希望读者不吝批评指正。

中国电子信息产业发展研究院

目录

展 望 篇

综合篇

第一章

2023 年全球消费品工业发展状况

第一节　整体态势

一、消费品工业发展整体态势

2023 年，全球经济缓慢复苏，地缘政治冲突复杂演进，同时，产业发展面临能源价格上涨、通胀风险上升、供应链不畅等问题，区域贸易呈多元化发展态势。从整体看，2022—2023 年，全球制造业的恢复和发展呈现良好发展态势，较 2020—2021 年呈明显复苏态势，季度生产指数始终保持在 120 以上，2023 年一至四季度，全球制造业产出同比增速分别为 0.7%、1.8%、0.4%、1.5%。

从区域发展看，2023 年亚洲和大洋洲季度生产指数均值为 138.6，高于全球平均水平 15.5 个点，是全球制造业增长的重要动力，高于欧洲（113.1）、非洲（108.9）、拉丁美洲和加勒比地区（105.3）、北美地区（100.1）。其中，中国制造业保持稳定较好增长态势，2023 年一至四季度生产指数分别为 159.8、156.1、159.0、163.3，制造业产出环比增速分别为 3.5%、6.8%、3.5%、4.9%，全年制造业产出同比增长 4.9%。

从消费品工业的具体行业来看，全球多数国家和地区在 2021 年第一、第二季度的生产生活逐步恢复至较好水平。2022 年行业发展面临下行压力，主要行业的生产普遍保持较低增速。2023 年，食品、饮料、造纸、烟草等行业保持平稳增长，在这些行业中，新兴经济体及其他发展中国家的行业增速普遍高于工业化经济体的增速。同时，新兴经济体及其他发展中国家在医药、纺织、服装、印刷与记录媒介复制、木材加工行业整体保持正增长，而工业化经济体则整体呈现负增长。此外，新兴经济体及其他发展中国家、工业化经济体在皮革、家具行业的增速均表现为负增长。

展望 2024 年，全球经济预计仍将呈缓慢增长态势，根据 IMF（国际货币基金组织）最新预计，2024 年全球经济增速为 3.2%，较之前的预测上调 0.1 个百分点，但仍低于 2000—2019 年平均增速(3.8%)，OECD（经济合作与发展组织）则预测 2024 年全球经济增速为 3.1%。由于借贷成本高企、财政支持减少、欧美通胀保持高位导致居民消费低迷，加之生产率增长疲软和地缘经济分裂加剧，这些因素造成全球经济增长动力仍然呈疲弱的态势。此外，随着瑞士、墨西哥等国率先降息，加拿大、英国也透露出降息计划，全球货币环境从紧缩转向宽松的趋势加强，市场预期流动性增加，这都将助推商品价格上涨。同时，消费品工业发展还受区域经贸规则重构、局部冲突复杂演变等不确定性因素影响。其中，与生产生活场景密切相关的基本生存型消费品预计将维持较好增长态势，行业整体仍将承压前行。

二、全球消费者信心情况

与 2021、2022 年相比，2023 年主要经济体或地区消费者信心指数的波动明显减小，进入一个新的平台期。如图 1-1 所示，美国受通胀高企、消费需求不振等因素影响，消费者信心仍未全面恢复，2023 年消费者信心指数较 2022 年呈现一定回升，2022 年月度指数在 59 至 72 之间波动，2023 年的月度指数平均值较 2022 年提高 8.9 个点。欧元区方面，消费者信心指数呈持续低迷态势，全年各月指数维持在-21 至-15之间，2023 年月度指数平均值为-17.4，较 2022 年提高了 3.8 个点，年内整体呈现较平稳态势。日本消费者信心指数在 2020 年达到近 20 年最低水平，2021 年月度指数平均值同比提高 5.2 个点，2022 年较 2021 年降低 4.1 个点，2023 年较 2022 年提高 2.9 个点，为 35.1，年内月度指数最高值为 37.1，最低值为 31.0。2023 年，面对日益复杂的发展环境，中国经济呈现出坚强韧性和较强活力，GDP 同比增长 5.2%，总量突破126 万亿元大关，国内消费品供给充足，社会消费品零售总额 47.2 万亿元，比 2019 年新冠疫情前增长约 15%。2023 年中国消费者信心月度指数平均值为 88.8，较 2022 年降低了 6.2 个点，随着工业稳定向好发展的预期继续增强、房地产等政策优化助力家电家居等消费潜力释放等因素叠加，2024 年消费者信心指数有望较 2023 年实现一定增长。

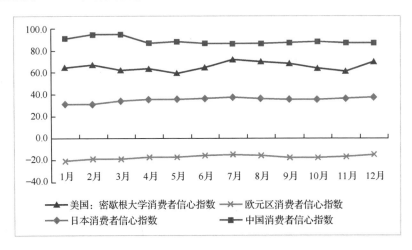

图 1-1　2023 年 1—12 月主要经济体或地区消费者信心指数变化情况
数据来源：Wind 数据库，2024 年 5 月。

第二节　发达国家发展情况

一、发达国家消费品工业发展整体态势

2023 年，发达国家制造业产出增速保持较缓增长。其中，高收入工业化经济体的季度制造业生产指数分别为 105.8、105.7、104.6、105.4，低于中等收入工业化经济体。主要消费品行业中，2023 年发达国家在食品、医药、饮料、烟草等行业的产出保持小幅增长或与 2022 年基本相当，印刷与记录媒介复制、纺织等行业呈现一定下滑，造纸及纸制品、家具、皮革等行业呈现较大幅度下滑趋势。

二、美国提振消费发展相关举措

新冠疫情发生以来，美国政府先后开展六轮财政刺激计划，累计投入资金约 5.7 万亿美元，通货膨胀导致物价波动、高利率等窒碍美国居

民消费需求释放的情形仍然有不同程度的存在。2023 年 1—12 月,美国 CPI 同比增速月度平均值为 4.1%,较 2022 年降低了 3.9 个百分点。如表 1-1 所示,2022—2023 年美制造业月度生产指数在 100 点上下波动,从消费品工业主要行业看,除医药、食品、饮料等少数行业外,多数行业提振效果有限。

表 1-1　2022—2023 年美国主要消费品行业工业生产指数变化情况
（经季节性调整，2015 年为 100）

行业	2022 年第一季度	2022 年第二季度	2022 年第三季度	2022 年第四季度	2022 年全年	2023 年第一季度	2023 年第二季度	2023 年第三季度	2023 年第四季度	2023 年全年
食品	107.8	107.8	107.5	107.2	107.6	107.8	106.3	104.2	104.8	105.8
饮料	104.4	104.0	105.6	103.4	104.3	104.5	103.2	104.4	100.4	103.1
烟草	85.6	84.2	80.4	80.9	82.8	80.0	74.9	71.7	77.0	75.9
纺织	85.4	83.3	81.3	78.7	82.2	78.7	77.1	78.3	75.5	77.4
服装	77.6	78.5	80.4	83.2	79.9	84.7	80.6	75.0	70.9	77.8
皮革	100.6	106.0	109.2	105.9	105.4	108.0	109.2	106.7	104.6	107.2
木材加工	106.8	107.0	105.3	100.9	105.0	100.2	100.1	100.1	100.0	100.1
造纸及纸制品	94.1	94.5	91.0	87.5	91.8	86.2	85.1	85.1	86.4	85.7
印刷与记录媒介复制	89.0	90.4	89.0	89.8	89.5	87.7	85.5	83.7	82.0	84.7
橡胶与塑料制品	103.5	104.7	105.1	102.1	103.8	99.2	99.4	99.6	98.5	99.2
医药	103.2	103.9	106.1	109.3	105.6	111.1	112.7	111.4	110.9	111.5
家具	92.1	91.2	89.8	87.2	90.1	84.8	83.2	81.5	79.4	82.2
全部制造业	100.0	100.8	100.9	99.9	100.4	99.8	100.1	99.9	99.4	99.8

数据来源：联合国工业发展组织，2024 年 5 月。

2022 年 8 月，拜登政府签署《2022 年通胀削减法案》，主要涉及税制改革、能源安全与气候变化、医疗健康等方面。2023 年 3 月，美总统拜登提交了 2024 财年（2023 年 10 月 1 日—2024 年 9 月 30 日）联邦政府预算提案，提出将政府赤字由 2024 财年的约 6.8% 降低至 2029 财年的 4.6%，预算案相关重点内容包括降低家庭成本、加强社会保障和医疗保险、削减赤字等方面。其中，包括为儿童和无子女工人减税，降低住房持有和租赁税费负担等计划。在《平价医疗法案》基础上，通过税收抵免每年降低 800 美元保费，扩大医保可选择集采的药物范围以降低处方药费用，计划未来十年在医疗保健领域投资超过 1500 亿美元。在《2022 年通胀削减法案》提供的 130 亿美元基础上，再安排 41 亿美元实施低收入家庭能源补助方案，安排 45 亿美元支持清洁能源，其中 18 亿美元用于改造低收入家庭房屋。计划安排 150 亿美元用于儿童免费餐食，安排 63 亿美元支持妇女、婴儿和儿童营养特别补充计划。计划废除特朗普政府时期对富人的减税政策，对其国内资本利得税等领域进行改革。

三、英国提振消费发展相关举措

2022 年以来，英政府出台多项政策，通过降低通胀率、减轻居民负担等举措，进一步提振消费市场、发展实体经济。如表 1-2 所示，2022—2023 年，英国主要消费品行业中，皮革、医药等行业的工业生产指数增幅较大，橡胶与塑料制品行业仍呈低迷态势，木材加工、印刷与记录媒介复制等行业呈显著下降趋势。

2023 年 1 月，英国首相发表新年演说，提出 2023 年英政府将着力推动经济增长，重点解决高通胀、经济衰退、政府债务、医疗系统等问题。2023 年 11 月，英国财政大臣公布了最新财政计划"秋季预算案"，提出五大重点领域，包括降低政府债务、减税、发展可持续能源、支持商业发展、发展一流教育等。其中，英政府提出将着力降低基础债务占 GDP 的比重。自 2024 年起，英政府将着力推进减税，以增加就业人数和工作时间。同时，自 2024 年 4 月起，英国国民每小时最低工资标准将上涨 9.8%。自 2024 年 1 月起，英国国民保险缴款主要费率将由 12% 降低至 10%。英政府承诺在 2025 年前为国民保健服务（NHS）和成人社会护理提供超过 140 亿英镑的资金，并将为学校提供 20 亿英镑资金支持。此外，还将推动福利制度改革，为应对高生活成本和能源价格危机，将采取大规模的财政支持计划，包括增加住房补贴等，以支持低收入家庭的生活，促进家庭消费。另外，自 2024 年 4 月起，国家养老金水平将增长 8.5%。

表 1-2　2022—2023 年英国主要消费品行业工业生产指数变化情况
（经季节性调整，2015 年为 100）

行业	2022 年第一季度	2022 年第二季度	2022 年第三季度	2022 年第四季度	2022 年全年	2023 年第一季度	2023 年第二季度	2023 年第三季度	2023 年第四季度	2023 年全年
食品	151.8	152.6	149.2	148.5	150.5	148.9	149.3	150.8	154.7	150.9
饮料	108.7	108.3	109.6	105.0	107.9	105.5	106.6	107.1	105.1	106.1
烟草	108.7	108.3	109.6	105.0	107.9	105.5	106.6	107.1	105.1	106.1
纺织	211.0	205.7	207.1	201.0	206.2	183.5	181.1	174.0	169.7	177.1
服装	97.8	101.2	99.6	101.0	99.9	102.5	100.1	99.5	97.1	99.8
皮革	117.8	118.7	127.8	138.4	125.7	140.4	129.0	119.4	114.1	125.7
木材加工	99.9	96.3	93.5	92.5	95.6	89.9	88.5	88.3	85.5	88.1
造纸及纸制品	113.8	108.6	106.3	105.6	108.6	103.2	105.6	105.4	105.2	104.9
印刷与记录媒介复制	104.9	102.4	98.0	93.3	99.7	92.7	93.4	95.5	88.8	92.6
橡胶与塑料制品	95.9	95.7	93.7	92.0	94.3	90.8	87.5	86.2	83.5	87.0
医药	106.1	109.0	107.7	125.3	112.0	119.9	123.2	124.9	124.2	123.1
家具	119.1	117.2	117.5	108.6	115.6	109.1	105.1	99.0	98.9	103.0
全部制造业	107.0	105.8	104.3	105.0	105.5	105.6	107.4	107.6	106.6	106.8

数据来源：联合国工业发展组织，2024 年 5 月。

四、欧盟国家提振消费发展相关举措

新冠疫情发生以来，欧盟财政政策侧重于企业就业、产业投资、产业升级，以促进行业生产恢复。2023 年欧盟 27 国实际 GDP 同比增长 0.4%，受能源及原材料成本上涨等因素影响，德国 GDP 出现负增长，法国、意大利 GDP 增速仅为 0.9%。

2023 年，欧盟地区生产消费受通胀、能源供给、原材料成本等因素影响明显，导致基本消费品价格普遍上涨。因此，各国持续出台有关政策，以促进欧盟国家生产消费的恢复，实现经济复苏。2023 年欧元区通胀率整体较 2022 年呈现明显改善，其中，1—8 月欧元区通胀率均保持在 5%左右，受能源危机影响，10 月份通胀率达 10.7%，创 1997 年有记录以来新高，但 11—12 月受能源价格下降及欧洲央行加息影响，通胀率降低至 3%左右，12 月较 11 月提高了 0.5 个百分点，主要原因是多国政府相继削减对天然气、电力和食品的补贴。同时，红海等区域局势复杂演变导致新一轮消费品价格上涨的可能性回升。

五、日本提振消费发展相关举措

如表 1-3 所示，2022—2023 年，日本主要消费品行业工业生产指数总体保持较稳定水平。其中，木材加工、造纸及纸制品行业下滑较明显，消费品工业生产增长和居民消费增长乏力。根据日本总务省数据，2022 年东京都除生鲜食品外的 CPI 上涨率为 2.2%，超过日本央行既定的 2%目标。

表 1-3　2022—2023 年日本主要消费品行业工业生产指数变化情况
（经季节性调整，2015 年为 100）①

行业	2022 年第一季度	2022 年第二季度	2022 年第三季度	2022 年第四季度	2022 年全年	2023 年第一季度	2023 年第二季度	2023 年第三季度	2023 年第四季度	2023 年全年
食品	96.6	95.6	97.4	95.3	96.2	95.6	95.2	95.8	94.6	95.3

① 日本食品行业、饮料行业、烟草行业的数据由 UNIDO 在同一门类进行统计和测算。

续表

行业	2022 年第一季度	2022 年第二季度	2022 年第三季度	2022 年第四季度	2022 年全年	2023 年第一季度	2023 年第二季度	2023 年第三季度	2023 年第四季度	2023 年全年
饮料	96.6	95.6	97.4	95.3	96.2	95.6	95.2	95.8	94.6	95.3
烟草	96.6	95.6	97.4	95.3	96.2	95.6	95.2	95.8	94.6	95.3
纺织	82.0	80.3	79.9	79.6	80.4	78.4	78.6	75.5	74.8	76.8
服装	82.0	80.3	79.9	79.6	80.4	78.4	78.6	75.5	74.8	76.8
皮革	58.8	60.6	60.9	63.0	60.8	61.1	61.5	59.7	59.7	60.5
木材加工	101.4	102.0	99.1	92.6	98.8	91.3	89.6	86.7	91.8	89.9
造纸及纸制品	92.3	91.2	91.2	89.4	91.0	87.5	85.7	85.7	84.7	85.9
印刷与记录媒介复制	77.2	77.6	76.8	76.1	76.9	77.0	76.4	75.8	74.9	76.0
橡胶与塑料制品	98.0	95.7	96.1	95.1	96.2	93.5	94.3	93.6	96.2	94.4
医药	99.6	98.8	99.1	97.2	98.7	94.9	94.7	93.9	95.3	94.7
家具	87.9	90.7	91.8	92.7	90.8	86.3	88.5	85.3	88.4	87.1
全部制造业	95.5	93.8	96.5	95.6	95.4	93.7	94.7	93.3	95.3	94.3

数据来源：联合国工业发展组织，2024 年 5 月。

2021 年以来，为落实"新资本主义"及其他战略，促进本国经济社会重回增长轨道，日本政府推出一系列举措。2021、2022 年相继推出了金额分别为 55.7 万亿日元、71.6 万亿日元的财政支出计划和经济刺激政策。2023 年 1 月，日本政府在临时内阁会议上通过综合经济刺激计划，该计划总金额规模达 17 万亿日元，致力于彻底摆脱通货紧缩、帮助本国民众缓解因高物价导致的生活压力，此项计划包括保障国民生活、持续提高工资、促进国内投资、解决人口负增长问题、实现社会数字化转型等部分。根据有关报道，加之地方自治团体、民间投资等，该项计划共计将投入 37.4 万亿日元。同时，为保障财政资金投入来源，日本政府编制了 2023 年度财政补充预算案，并已提交国会通过。此外，时任日本首相岸田文雄表示，日本政府计划采取系列减税政策，预计将完成约 3.6 万亿日元规模的减税计划，以切实减轻居民及其家庭的生活负担。

第三节　新兴经济体及其他发展中国家发展概况

2023 年，新兴经济体及其他发展中国家制造业生产水平加快恢复。其中，新兴经济体一至四季度同比增速分别为 3.3%、6.0%、4.1%、4.6%，整体高于全球平均水平。同时，季度同比增速较 2021—2022 年呈现的波动态势更加平稳。从季度生产指数看，2023 年新兴经济体及其他发展中国家季度生产指数均值为 125.9，高于全球平均水平（123.1），也高于工业化经济体（122.8），不同国家的发展趋势有所分化。其中，印度、印度尼西亚制造业产出同比分别增长 5.0%、4.2%，马来西亚、越南同比分别降低 0.2%、7.4%。

从消费品工业主要行业看，新兴经济体及其他发展中国家在食品、饮料、造纸、烟草等行业保持较好增长，这些行业的增速普遍高于工业化经济体的相关行业。工业化经济体在工业化医药、纺织、服装、印刷与记录媒介复制、木材加工等行业呈负增长的同时，新兴经济体及其他发展中国家在这些行业仍然保持平稳增长。其中，从 2023 年第三、第四季度情况看，新兴经济体及其他发展中国家在食品、饮料、造纸及纸制品、纺织、服装、木材加工等行业保持同比增长，印刷与记录媒介复制同比小幅增长，烟草行业同比小幅下降，医药行业保持同比较快速度增长，家具、皮革等行业继续保持一定幅度的同比下降。

第二章

2023 年中国消费品工业发展状况

第一节　发展现状

一、运行情况

（一）生产总体企稳向好

如图 2-1 所示，2023 年，消费品工业生产低位运行，轻工业、食品制造业发挥压舱石作用，纺织业触底反弹，医药制造业底部企稳。从增加值增速看，1—12 月消费品工业规模以上企业工业增加值增速同比增长约 1%，呈波动回升态势。其中，轻工业增加值增速同比增长约 2%，从 3 月历史低点逐月回升、向好发展，比上半年提高约 1 个百分点。纺织业增加值增速同比下降约 2%，从 1—2 月的历史低点逐月反弹，比上半年收窄约 2 个百分点，触底反弹趋势明显。食品制造业增加值增速同比增长约 3%，年中增速略有放缓，但年底恢复年初增长态势。医药制造业增加值增速受 2022 年的高基数影响有所下滑，同比下降约 5%，但呈现底部企稳态势。从典型行业看，化学纤维制造、家用电力器具制造等生产原料和生活类行业表现突出，增速分别达 9.6%、8.9%。随着第四季度充分释放冬季御寒消费需求，皮革、毛皮、羽毛及其制品和制鞋业逆转下降态势，全年正增长 3.1%，比上半年增加 15.5 个百分点。因年末节假日和电商节等利好因素，推动了文化纸、白卡纸、包装纸等纸张的需求，造纸及纸制品业同比增长 3.1%。从产品产量绝对值看，在消费品行业 40 种主要产品①中，有 27 种产品产量实现同比正增长。其中，家用洗衣机、家用电冰箱、家用冷柜、房间空气调节器等升级类消费品增长显著，同比增长均超 10%。

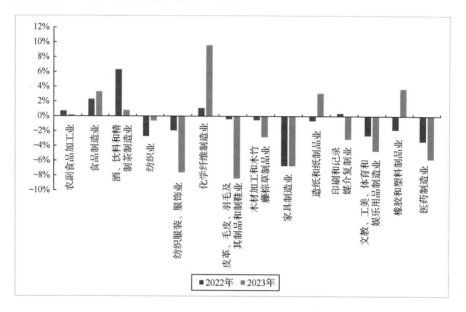

图 2-1　2023 年我国消费品工业分行业工业增加值累计增速及比较
数据来源：国家统计局，2024 年 2 月。

---

①　消费品行业 40 种主要产品包括精制食用植物油、成品糖、鲜冷藏肉、乳制品、白酒（折 65 度，商品量）、啤酒、葡萄酒、饮料、纱、布、绒线（俗称毛线）、毛机织物（呢绒）、蚕丝、蚕丝及交织机织物（含蚕丝≥50%）、非机织布（无纺布）、服装、家具、机制纸及纸板（外购原纸加工除外）、纸制品、化学药品原药、中成药、化学纤维、人造纤维（纤维素纤维）、合成纤维、塑料制品、两轮脚踏自行车、电动自行车、钟、表、家用电冰箱（家用冷冻冷藏箱）、家用冷柜（家用冷冻箱）、房间空气调节器、家用电风扇、家用吸排油烟机、电饭锅、微波炉、家用洗衣机、家用电热水器、家用吸尘器、家用燃气热水器等。上述 40 种产品是从"主要工业产品产量汇总表（220 种产品）"中的消费品工业生产产品中筛选出的，覆盖消费品工业人类行业。重点考虑鲜冷藏肉、纱、布、合成纤维等反映下游加工市场需求的原料型产品，化学药品原药、中成药、乳制品、食用植物油等居民生活保障及防疫重点产品，服装、纸制品、塑料制品等反映大类行业生产能力的产品，葡萄酒、电动自行车等反映居民消费升级趋势的产品这四大类产品。

（二）投资增速全域回落

2023 年，新冠疫情进入常态化防控阶段，消费品工业生产运营全面恢复，产业链供应链进一步畅通，行业信心和市场信心得到巩固，除纺织工业和家具制造业等部分轻工行业外，各细分行业固定资产投资稳步扩大。如图 2-2 所示，食品制造业和造纸及纸制品业增幅超过 10%。与制造业平均水平相比，消费品工业固定资产投资增速表现优异。但与上年同期相比，各细分行业固定资产投资增速均表现出不同程度的下滑态势。其中，纺织工业三大细分行业以及家具制造业投资增速大幅下滑。这与房地产不景气、消费市场疲软有一定的关系。此外，由于疫情期间的大量投入，医药制造业固定资产投资需求趋于饱和，2023 年仅小幅增长 1.8%。食品工业固定资产投资保持企稳向好的发展趋势，增速虽有所回落，但与其他行业相比，回落幅度较小。

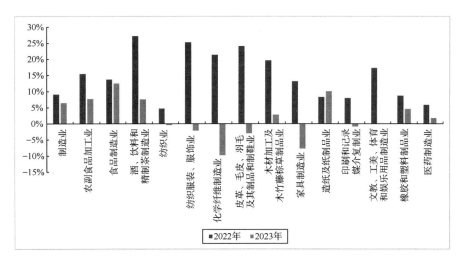

图 2-2　2023 年消费品工业分行业固定资产投资额增速及比较
数据来源：国家统计局，2024 年 2 月。

（三）外贸出口形势严峻

2023 年，消费品工业出口交货值超过 3.6 万亿元，占全部工业出口交货值的四分之一。与 2022 年同期相比，出口规模收窄 5.8%，与工业平均水平的-3.9%相比，形势更显严峻。如图 2-3 所示，从细分行业看，随着海外生产生活逐步恢复，轻工业外贸情况略好于其他行业，部分行业如酒、饮料和精制茶制造业，玻璃制造业，造纸及纸制品业，家具制造业均为正增长，但其他子行业仍继续承压。纺织工业出口交货值同比下降接近 10%，仅化学纤维制造业保持正增长，但与 2022 年同期大幅增长 23.4% 相比，出口形势不容乐观。医药制造业有望底部企稳，降幅由 2022 年同期的 25.1% 收窄至 22.8%。

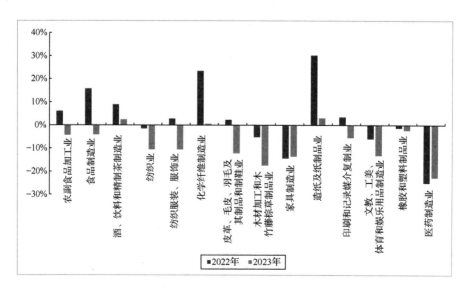

图 2-3   2023 年消费品工业分行业出口交货值增速及比较
数据来源：国家统计局，2024 年 2 月。

（四）消费需求缓慢复苏

2023 年，消费复苏趋势明显，吃穿类消费品拉动作用突出，但房地产相关消费不及预期。如图 2-4 所示，社会消费品零售额增速低位开局，2022 年年末同比下降 0.2%，2023 年 5 月达到年内最高点 9.3%，之后逐步回落趋稳，1—12 月同比增长 7.2%，2023 年社会消费品零售总额为 47.1 万亿元。从商品类别来看，基本生活类消费品销售稳定增长，服装、鞋帽、针纺织品类，粮油食品饮料烟酒类商品零售额分别增长 6.0% 和 12.9%。升级类消费品销售持续增长，金银珠宝类、体育娱乐用品类商品零售额分别增长 13.3%、11.2%。受房地产消费低位运行的影响，建筑装潢材料消费仍同比负增长，家电音响勉强为正，家具类消费增长放缓，并稳定至 2.8%。从销售渠道看，网络消费仍快速增长，全国网上零售额 15.4 万亿元，同比增长 11.0%。其中，实物商品网上零售额 13.0 万亿元，同比增长 8.4%，比商品零售多 2.6 个百分点。"吃""穿""用"类实物商品网上零售额分别同比增长 11.2%、10.8%和 7.1%，"吃""穿"类消费品增长表现突出。

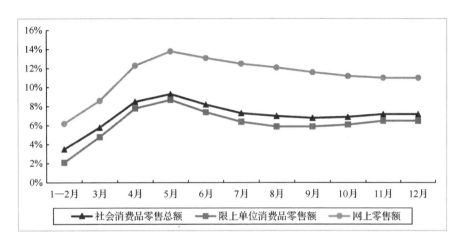

图 2-4　2023 年社会消费品零售总额中限上单位消费品零售额增速及比较

数据来源：国家统计局，2024 年 2 月。

二、效益情况

（一）营收利润率整体下降

2023 年，轻工业、食品工业发挥压舱石作用，拉动消费品工业营业收入增长。当年 1—12 月，消费品工业规上企业营业收入超过 30 万亿元。轻工业营收超过 20 万亿元，同比增长约 2%。其中，酒、饮料和精制茶制造业，家用电力器具业同比增长均超过 7%，玻璃制造业同比增长高达 13.2%，营收大幅增加。医药、纺织工业营业收入在上年同期较高基数的情况下有所下滑，同比分别下降 4.0%、0.8%。其中，中药饮片加工、中成药生产分别增长 14.6%、6.5%，成为带动医药工业增长的主要力量。纺织工业的上游行业化学纤维制造业增长 6.8%，预计纺织工业的营收将继续改善。随着各地落实促消费减税政策，企业营收将向好发展。

（二）亏损情况持续恶化

如表 2-1 所示，从亏损面来看，2023 年，在 14 个主要消费品行业中，农副食品加工业、食品制造业、纺织业、化学纤维制造业、家具制造业、造纸及纸制品业、医药制造业 7 个细分行业超过制造业平均水平。与 2022 年同期相比，除纺织业、化学纤维制造业、造纸及纸制品业外，其余 11 个细分行业亏损面均有不同程度地扩大。从亏损深度来看，仅农副食品加工业、纺织业、家具制造业、橡胶和塑料制品业这 4 个细分行业超过制造业平均水平。而与 2021 年同期相比，除纺织业，皮革、毛皮、羽毛及其制品和制鞋业，橡胶和塑料制品业，医药制造业这 4 个细分行业外，其余 10 个细分行业亏损深度则进一步扩大。整体来看，受全球经济复苏乏力，消费市场需求疲弱等因素影响，消费品工业亏损情况仍在进一步加剧。

表 2-1　2023 年主要消费品行业亏损情况及比较

行　业	亏　损　面			亏　损　深　度		
	2021 年	2022 年	2023 年	2021 年	2022 年	2023 年
制造业	16.1%	19.9%	21.3%	10.1%	18.3%	22.2%
农副食品加工业	18.5%	20.4%	22.1%	16.4%	19.3%	30.6%
食品制造业	18.5%	20.6%	21.8%	11.3%	8.5%	9.6%
酒、饮料和精制茶制造业	13.2%	15.4%	20.9%	3.1%	2.6%	3.8%
纺织业	16.3%	21.8%	21.6%	10.0%	24.8%	24.7%
纺织服装、服饰业	18.5%	19.4%	20.8%	14.3%	12.6%	15.5%
化学纤维制造业	17.3%	31.9%	25.5%	7.9%	6.0%	7.7%
皮革、毛皮、羽毛及其制品和制鞋业	14.4%	13.9%	16.2%	11.7%	12.2%	11.7%
木材加工和木竹藤棕草制品业	12.2%	13.1%	14.3%	11.4%	13.0%	17.9%
家具制造业	16.3%	21.9%	23.2%	8.6%	24.6%	29.8%
造纸及纸制品业	17.3%	24.5%	23.7%	8.8%	11.7%	13.4%
印刷和记录媒介复制业	15.3%	19.3%	21.3%	6.6%	7.3%	9.1%

续表

行　业	亏　损　面			亏　损　深　度		
	2021 年	2022 年	2023 年	2021 年	2022 年	2023 年
文教、工美、体育和娱乐用品制造业	14.1%	16.7%	17.8%	4.7%	9.8%	16.0%
橡胶和塑料制品业	15.1%	18.3%	19.0%	12.7%	70.2%	42.1%
医药制造业	18.9%	20.1%	24.7%	11.1%	12.7%	12.6%

数据来源：国家统计局，2024 年 2 月。

第二节　存在问题

一、出口继续承压

2023 年，全球通胀率虽有所降低，但仍高达 6%以上，大幅高于新冠疫情前的平均水平。在高通胀压力下，美国等发达经济体持续实施紧缩的货币政策，导致全球经济增长乏力，金融风险进一步加剧。受此影响，主要"一带一路"共建国家对我国消费品工业产品出口拉动也由正转负，其中轻工业出口承压尤其明显。如表 2-2 与表 2-3 所示，我国主要轻工行业出口交货值增速大幅低于工业平均水平，轻工业在全部工业门类中的出口优势有所降低，橡胶和塑料制品业，文教、工美、体育和娱乐用品制造业，家具制造业等行业出口波动下滑，仍未恢复至疫情前的水平。从市场看，包括塑料及其制品、家电、鞋靴、玩具、陶瓷产品等在内的 8 类重点产品对美、欧、日等传统市场出口均同比下降，前期对我国出口拉动作用明显的新加坡市场也下滑严重，仅俄罗斯市场表现较为抢眼。

表 2-2　主要轻工行业近四年出口增速比较

行　业	2020 年	2021 年	2022 年	2023 年
工业	-0.3%	17.7%	5.5%	-3.9%
皮革、毛皮、羽毛及其制品和制鞋业	-24.5%	8.3%	2.3%	-12.2%

续表

行 业	2020 年	2021 年	2022 年	2023 年
木材加工和木竹藤棕草制品业	-9.4%	8.9%	-5.3%	-17.5%
家具制造业	-11.2%	12.3%	-14.4%	-13.6%
造纸和纸制品业	-8.8%	5.0%	30.2%	3.0%
印刷和记录媒介复制业	-8.2%	5.1%	3.5%	-5.5%
文教、工美、体育和娱乐用品制造业	-8.1%	18.8%	-6.0%	-13.2%
橡胶和塑料制品业	0.3%	13.9%	-1.3%	-2.3%

数据来源：国家统计局，2024 年 1 月。

表 2-3　2023 年重点轻工产品对主要国家出口增速

重点轻工产品	美国	欧盟	日本	俄罗斯	新加坡
塑料及其制品	-14.8%	-10.6%	-17.4%	18.8%	-12.8%
家电等	-12.6%	-6.3%	-2.7%	28.1%	-16.2%
家具、灯具等	-11.2%	-10.7%	-14.0%	18.1%	-8.3%
鞋靴等	-28.6%	-24.2%	-14.8%	37.0%	0.2%
玩具等	-20.5%	-15.3%	-7.7%	17.1%	26.0%
皮革制品、旅行箱包等	-4.8%	-9.2%	-15.3%	21.9%	-17.5%
陶瓷产品	-32.1%	-22.0%	-15.9%	30.5%	-32.6%
造纸及纸制品等	-12.1%	-10.0%	-6.9%	10.1%	-28.2%

数据来源：海关总署，2024 年 1 月。

消费品工业出口承压，一方面是由于部分中低端产品出口竞争力逐渐丧失，周边东南亚国家、印度，甚至一些非洲国家已经对我国部分产业链形成替代；另一方面，全球主要国家经济疲软、需求不足也是导致消费品工业产品出口下滑的重要原因。进入 2024 年，上述不利因素仍然存在，全球经济发展依旧高度不确定和不稳定。联合国报告预计，全球经济增长将从 2023 年的 2.7%放缓至 2024 年的 2.4%，约有四分之一的发展中国家在 2024 年的通胀率将达 10%以上。叠加地缘政治影响外溢、贸易保护限制增多等不利因素，外贸形势整体悲观，消费品工业出口面临多重困难和挑战。

二、企业运营压力加大

由于市场有效需求不足，部分消费品工业行业产能利用率和产品销售率较低，导致企业利润率大幅下滑，运营和流动资金压力加大。同时，用工、用电、原材料、物流等成本上升，进一步挤压企业利润空间。在用工方面，2024年全国多地上调最低工资标准，这对农副食品加工、家具等部分劳动密集型行业来说成本压力尤为明显。数据显示，消费品工业用工人数约为全部工业的四分之一。在用电方面，部分省份工业用电成本上升10%以上，东部省份人工工资年均上升10%以上。受来水偏枯影响，云南省开启新一轮大规模限电，贵州省电力保供也受影响。据电力规划设计总院预测，2024年我国电力供需整体处于偏紧状态，其中北方地区得益于新能源行业的快速发展，用电需求处于缓解态势，南方地区则受新能源相关资源禀赋较差以及火电装机投产尚需时间等因素影响，用电紧张加剧。在原材料方面，受化工、能源等大宗生产要素成本上涨的影响，塑料、日化等消费品行业原材料成本可能会进一步攀升。在物流方面，中国物流信息中心数据显示，2023年我国全社会物流成本费用占GDP的比例为14.4%，远高于西方发达国家8%左右的占比水平。调研企业反映，用工成本、用电成本、原材料成本以及物流成本上升已经占据当前消费品工业企业成本压力的前四位。在需求不足和成本上升的双重挤压下，农副食品加工、家具制造业、橡胶和塑料制品等行业亏损程度分别达到87.7%、40.8%、43.7%，远高于轻工行业27.4%的平均水平。

三、行业发展分化明显

消费品工业量大面广，细分行业之间发展不平衡问题突出。2023年，以太阳能电池、电动自行车、家用电器等为代表的轻工绿色制造、智能制造行业快速成长，成为推动消费品工业高质量发展的新动能。数据显示，2023年1—12月太阳能电池产量同比增长54.0%，空调产量同比增长 13.5%，冰箱产量同比增长 14.5%，洗衣机产量同比增长 19.3%。而以皮革、家具等为代表的传统行业改造升级步伐缓慢，整体创新能力、数字化绿色化水平不高，仍处于产业链和价值链中低端，在内外部不利因素的冲击下，经济指标修复力度偏弱。2023 年，皮革、毛皮、羽毛及其制品和制鞋业，家具制造业，文教、工美、体育和娱乐用品制造业的工业增加值、营业收入、利润总额等主要经济指标增速与新动能行业发展表现反差较大。

四、消费恢复不及预期

居民消费能力和消费意愿不足，消费恢复不及预期。商品消费慢于服务消费、可选消费慢于必选消费现象突出。收入是消费的前提，2023 年全国居民人均可支配收入实际增长 6.1%，较新冠疫情前（2020—2011 年）年均实际增速 7.2%仍有一定差距，收入增长放缓直接削弱了居民消费能力。与此同时，持续三年的疫情让消费者对未来预期更趋谨慎，进一步降低了消费意愿。2023 年居民平均消费倾向为 68.3%，虽好于 2022 年和 2020 年同期，但较疫情前（2020—2011 年）年均水平（68.6%）仍有 0.3 个百分点差距。

第三节　对策建议

一、力促消费品工业稳增长

一是落实落地稳增长政策。深入贯彻实施《轻工业稳增长工作方案（2023—2024 年）》《医药工业高质量发展行动计划（2023—2025 年）》等政策，加强部门联动和央地协同，强化产业发展要素保障。二是培育壮大新增长点。加大对生物制造、老年用品、婴童用品、文体休闲用品、预制化食品等领域的支持力度，鼓励企业加快发展和优化升级。三是持续推进扩内需促消费，组织开展纺织服装优供给促升级活动，利用好双品购物节、吃货节、敬老爱老购物节等活动载体，加快优质老年用品和升级创新消费品的推广应用。

二、培育消费品工业新质生产力

一是聚焦家用电器、中高端自行车等重点行业，强化企业科技创新主体地位，推进关键技术攻关、应用迭代、生态培育，加快技术成果的转化应用，实现"化点成珠、串珠成链"。二是加快核心技术攻关，加快实现重大战略性技术和产品攻关突破。三是加快数智化绿色化转型，以智能制造为主攻方向，立足不同产业特点和差异化需求，树立一批数字化转型的典型标杆，带动全行业、全链条改造。四是提升产品创意设计水平，加强市场需求分析，深入了解目标用户的需求、期望和行为，提高审美水平，注重设计的实用性。

三、强化服务与指导

一是完善政策标准体系，加快建立健全预制化食品、孕婴童产品等群众关心、产业急需领域的标准体系，会同有关部门，推动直播电商、跨境电商等新业态持续健康发展。二是加强行业运行分析，突出问题导向，及时发现和反映消费品工业运行中苗头性、趋势性问题，对新情况、新趋势、新问题开展研究，从体制机制层面深入分析问题产生的根源，提出针对性解决方案。三是加强舆情监测预警，强化数据分析和挖掘工作，提取有价值的信息，建立完善预警机制和快速响应机制，及时发现潜在的风险和问题，并在舆情爆发时能够迅速应对和处置。

行业篇

第三章

纺织工业

第一节　发展情况

一、运行情况

（一）生产形势逐步向好

2023 年行业总体景气回升，据中国纺织工业联合会的数据显示，纺织行业第一季度景气指数为 55.6，第二季度景气指数为 57，第三季度景气指数为 55.9，第四季度景气指数为 57.2，全年四个季度行业景气指数持续处于荣枯线（50）以上，显示出纺织企业的经营信心正在逐步恢复。2023 年生产增速下滑态势收窄，如图 3-1 所示，纺织工业规模以上企业的工业增加值同比下降 1.2%，较 2022 年的-1.9%收窄 0.7 个百分点，其中纺织业，纺织服装、服饰业分别同比下滑 0.6%、7.6%，纺织业较 2022 年的-2.7%回升 2.1 个百分点，纺织服装、服饰业较 2022 年的-1.9%下滑 5.7 个百分点，化学纤维制造业同比增长 9.6%，较 2022 年的 1.1%增长 8.5 个百分点。此外，据国家统计局数据显示，纺织业和化学纤维制造业的产能利用率分别为 76.4%和 84.3%，均高于同期全国工业产能利用水平（75.1%）。

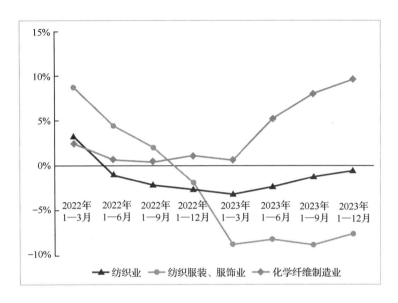

图 3-1　2022—2023 年纺织工业各细分行业工业增加值增速变化情况

数据来源：国家统计局，2024 年 2 月。

（二）产品产量增速回升

2023 年纺织工业主要产品的产量增速均呈现不同程度的回升。据国家统计局数据显示，纱产量累计为 2234.2 万吨，增速为-2.2%，较 2022 年收窄了 4.4 个百分点；布产量累计为 294.9 亿米，增速为-4.8%，较 2022 年收窄了 1.2 个百分点；蚕丝及交织机织物（含蚕丝≥30%）产量累计为 25641.7 万米，增速为 0.4%，较 2022 年的-16.7%大幅增加 17.1 个百分点；化学纤维产量累计为 7127.0 万吨，增速为 10.3%，较 2022 年的-1.0%大幅回升了 11.3 个百分点。但值得注意的是，纺织工业部分中高端产品仍然依赖进口，以高性能化学纤维为例，工业和信息化部对全国 30 多家大型企业内 130 多种关键基础材料的调研结果显示，高性能碳纤维、聚酰亚胺、对位芳纶、聚芳酯化纤等纺织材料高度依赖进口，部分材料甚至被限制出口，进口依存度超过 50%。

（三）纺织出口仍然承压

受国际市场需求收缩等因素影响，2023 年纺织商品出口仍然承压，纺织品出口形势略有缓和，服装出口依然呈下滑态势。如图 3-2 所示，

2023 年纺织品服装出口额为 2936.4 亿美元，同比下降 8.1%，降速自当年 9 月份开始逐步收窄，但较 2022 年仍回落 10.6 个百分点。其中，纺织纱线、织物及其制品出口额为 1345 亿美元，同比下降 8.3 个百分点，服装及衣着附件出口额为 1591.4 亿美元，同比下降 7.8 个百分点。据国家统计局数据显示，2023 年纺织工业出口交货值为 5796 亿元。其中纺织业出口交货值为 2456.5 亿元，同比下降 10.6 个百分点，纺织服装、服饰业出口交货值为 2711.8 亿元，同比下降 10.6 个百分点，化学纤维制造业出口交货值为 627.7 亿元，同比增长 0.6 个百分点。

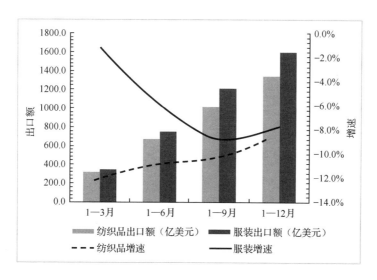

图 3-2 2023 年纺织工业出口增速变化趋势

数据来源：海关总署，2024 年 2 月。

（四）投资规模有待恢复

2023 年纺织工业整体投资情况表现不佳，各子行业投资规模均出现下降。如图 3-3 所示，纺织业，纺织服装、服饰业及化学纤维制造业固定资产投资增速分别为-0.4%、-2.2%和-11.6%，较 2022 年同期均有较大幅度的下滑，其中纺织服装、服饰业，化学纤维制造业大幅下滑，相比 2022 年分别下降 27.5、31.2 个百分点。自 2023 年第一季度开始，纺织工业整体投资热度不高，全年纺织工业整体投资形势不容乐观。

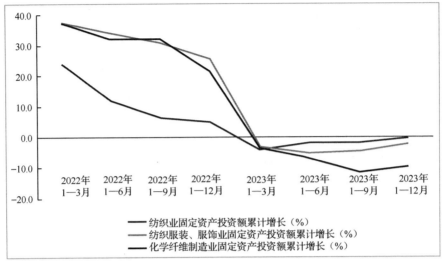

图 3-3　2022—2023 年纺织工业分行业固定资产投资增速

数据来源：国家统计局，2024 年 2 月。

（五）内需市场逐步恢复

随着全国各地发布扩内需等方案，2023 年国内消费市场已基本恢复。2023 年社会消费品零售总额为 471495.2 亿元，同比增长 7.2%；我国居民平均消费倾向乐观向好，全年居民消费倾向为 68.3%，较 1—3 月、1—6 月、1—9 月分别增加 6.3、3.5、1.9 个百分点。服装鞋帽针纺织品类商品零售额为 14094.8 亿元，同比增长 12.9%，其中，服装类商品零售额为 10352.9 亿元，同比增长 15.4%。此外，线上消费持续发力，2023 年实物商品网上零售额为 130174 亿元，同比增长 8.4%，占社会消费品零售总额比重的 27.6%，其中，穿类商品增长 10.8%。

二、效益情况

（一）经济效益向好发展

2023 年纺织工业经济效益逐步改善。据国家统计局数据显示，从营业成本看，2023 年除化学纤维制造业营业成本以 5.6% 的增速呈上升趋势外，纺织业，纺织服装、服饰业的营业成本均有不同程度的下降，降幅分别为 1.9% 和 6.4%，且上述三个细分行业的营业成本增速较上年同期分别下降 1.5、2.4、5.1 个百分点；从营业收入看，2023 年全国纺织行业规模以上企业实现营业收入 45959 亿元，同比降低 0.8%，其中纺织业，纺织服装、服饰业，化学纤维制造业营业收入分别为 22879.1 亿元、12104.7 亿元、10975.3 亿元，纺织业，纺织服装、服饰业营业收入呈下降态势，分别同比增长-1.6%、-5.4%，化学纤维制造业营业收入稳步增长，同比增长 6.8%；从利润总额看，2023 年全国纺织行业规模以上企业实现利润总额为 1724.1 亿元，同比增长 6.7%，其中纺织业，纺织服装、服饰业，化学纤维制造业的利润总额分别为 839.5 亿元、613.8 亿元、270.7 亿元，仅纺织服装、服饰业利润总额为负增长，纺织业、化学纤维制造业的利润总额均呈增长态势，且化学纤维制造业的利润总额以 43.8% 的增速大幅上涨。

（二）行业亏损有所改善

从亏损情况看，2023 年纺织业，纺织服装、服饰业亏损企业数量呈上升趋势，化学纤维制造业亏损企业数量稳步下降。如表 3-1 所示，纺织业亏损企业数量为 4491 个，较 2022 年同比增长 1.2%，亏损金额为 207.3 亿元，较上年同期降低 16.9 个百分点，亏损面、亏损深度分别同比收缩 0.2、0.1 个百分点；纺织服装、服饰业亏损企业数量为 2834 个，较 2022 年同比增长 11.1%，亏损金额为 95.1 亿元，较 2022 年同期增加 4.4 个百分点，亏损面、亏损深度分别同比扩大 1.4、2.9 个百分点；化学纤维制造业亏损企业数 585 个，较 2022 年同比增长-19%，亏损金额为 114 亿元，较 2022 年同期降低 35.4 个百分点，亏损面、亏损深度分别同比减少 6.4、28.1 个百分点。

表 3-1　2022 年、2023 年纺织工业亏损情况及比较

行　业	亏　损　面		亏　损　深　度	
	2022 年	2023 年	2022 年	2023 年
工业	20.2%	21.6%	18.5%	20.3%
纺织业	21.8%	21.6%	24.8%	24.7%
纺织服装、服饰业	19.4%	20.8%	12.6%	15.5%
化学纤维制造业	31.9%	25.5%	70.2%	42.1%

数据来源：国家统计局，2024 年 2 月。

三、重点要素情况

（一）原料要素

从纺织工业的原料构成看，结构性矛盾十分突出，代表未来消费升级趋势的纺织新材料、天然纤维等原料供给保障能力亟待提升。在棉花方面，由于国内生产成本高、产量下降、品种结构单一等原因，因此不得不从国外进口以弥补供需缺口。2023 年，我国棉花产量为 561.8 万吨，但消费量超过 980 万吨，缺口超过 400 万吨。在羊毛方面，我国是全球最大的羊毛消费国，国内供给不能完全满足加工需求，进口依存度高达62%左右。其中，澳大利亚是我国羊毛主要进口来源国，占整体进口量的 80%以上。在亚麻方面，我国已成为全球亚麻纺织大国，纺纱产锭量约占全球产能的 64%，但亚麻原料进口依存度却高达 55%，严重限制了国内麻纺产业的快速发展。目前，我国亚麻纺织仍主要集中于中间纺纱环节，产品以出口为主，附加值不高，高品质的亚麻原料和具有品牌的终端产品仍掌握在欧洲企业手中。较高的国际市场依存度，使得国际市场价格的任何变化都会通过进口贸易传导至国内，对于企业生产经营造成很大的不确定性。

（二）创新要素

纺织行业创新体系不断完善，市场主体创新活力稳步提升。当前，纺织行业共有国家技术创新中心 2 家、国家企业技术中心 102 家。纺织企业研发投入强度不断提高，科技创新能力得到有力保障。具体表现为，一是关键技术突破发展。高性能纤维产能占全世界的比重超过三分之一，2023 年出口额同比增长 14.4%。纺织机械自主化率超过 75%，出口额居世界首位，高端装备关键基础件国产化率超过 50%。产业用纺织品在 2023 年的产量稳定在 1900 多万吨，在关键应用领域的国产化率稳步提升。二是数字创新引领模式创新。纺织行业先行实施数实融合，智能制造就绪率、生产设备数字化率、数字化设备联网率等指标均领先全国制造业平均水平；网络协同制造、大规模定制、小单快反柔性制造等新模式催生新业态。三是绿色创新实效显著。坚持践行人与自然和谐共生理念，积极推动能源结构优化、全流程绿色制造技术研发应用和循环再利用体系的构建，能耗、水耗强度及主要污染物排放量等关键指标稳步下降，2023 年循环再利用化纤产量超过 500 万吨，初步建立起全生命周期绿色低碳产业体系。四是融合创新加快新质生产力发展。基因编辑、生物育种、生物制造等科学和技术加速演进，改变着材料供给方式和应用空间。场景驱动产品创新、业态创新，纺织品在大健康、大家居、航空、建筑、海运等领域不断实现更加多元、更深层次的应用。先进制造与民族文化深入融合，赋能设计、创造体验、塑造品牌。

（三）品牌要素

近年来，我国重视纺织领域品牌建设，持续推进产品品牌化发展，纺织服装品牌快速崛起，头部品牌企业领军效应突出，品牌价值逐步提升，品牌市场竞争力和国际影响力逐步增强，但我国品牌高端化、国际化水平仍有较大提升空间。从品牌数量看，我国纺织服装品牌加速成长，但国际知名品牌仍是欧美品牌占绝对优势。纺织领域重点培育品牌工作持续推进，重点培育范围涵盖消费品牌、制造品牌和区域品牌，截至目前共确定 124 家"重点培育纺织服装百家品牌"。据 Brand Finance 发布的近五年全球服装时尚品牌价值 50 强榜单显示，欧美品牌占比维持在 85%以上，我国纺织服装品牌占比不足 10%。从品牌价值看，我国纺织服装品牌价值不断提升，但仍与欧美品牌存在较大差距。随着我国文化自信的逐步提升，越来越多的品牌注重将我国传统文化融入品牌发展中，并注重优秀文化元素的创新性转化，提升品牌价值。据统计，2023年中国纺织服装品牌竞争力优势企业共 80 家，其中 39 家品牌价值超过100 亿元，41 家在 50 亿～100 亿元之间。截至目前，安踏连续 8 年上榜全球服装时尚品牌价值 50 强榜单，但品牌价值不足耐克的五分之一，我国品牌仅占 50 强榜单品牌总价值的 5.0%左右。从品牌国际化看，我国纺织服装品牌国际化步伐加快，但品牌海外市场占有率仍需提高。根据 2023 年工业和信息化部对"重点培育纺织服装百家品牌"调查数据显示，在 46 家消费品牌中，32.6%的企业在国外市场开设了线下店铺，21.7%的企业通过跨境电商拓展国际市场。但我国服装品牌海外市场营收占比少，仍主要依靠国内市场，如李宁海外营收占比不足 2%，而耐

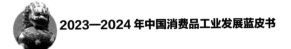

克、阿迪达斯的海外市场营收占比均在 60% 左右。

第二节　存在问题

一、国内外市场需求仍需恢复

一方面，2023 年全球经济增速放缓，国际市场需求不足导致国际订单竞争激烈，加之美国"涉疆法案"的实施和产业链"去中国化"的趋势，我国纺织企业的国际订单特别是美欧市场的订单下降显著，在美国、欧盟以及日本等传统国际市场的出口呈下滑态势。例如，据中国纺织品进出口商会数据显示，2023 年我国棉制服装对美国、欧盟和日本的出口额分别下降 18.6%、23.7% 和 23.4%，化纤服装对美国、欧盟和日本的出口额分别下降 8.7%、19.5% 和 9.5%。另一方面，国内市场需求虽逐步回升，但纺织市场仍以"小批量、多批次"的订单为主。

二、产业发展动能有待提升

目前，纺织工业整体高端化、智能化、绿色化水平仍需提高，产业转型升级步伐急需加快。我国纺织行业整体创新创意能力较国际先进水平仍有一定差距，多数企业或者产品处于产业链和价值链中低端，诸多企业面临"不转型难盈利、转型难度大"的压力。再有，当前我国纺织等传统产业面临着发达国家"高端回流"和发展中国家"中低端分流"的双重挤压，对我国纺织工业向全球价值链中高端跃升提出了新的挑战。此外，在绿色可持续发展的国际大背景下，加快纺织行业绿色化转型势在必行，但目前纺织行业领域存在绿色技术支撑不足、中小企业绿色低碳转型意愿不足等问题，影响了纺织行业绿色化发展水平。

三、人力供给保障仍显乏力

近年来，随着纺织装备的智能化、服务化和绿色化水平大幅提高，纺织工业用工需求有所下降，但在人工智能技术还不足以全面取代人类劳动的前提下，人力要素依然是影响纺织工业长足发展的关键要素之一。就我国纺织工业的人力资源供给情况而言，行业长期结构性缺工问

题凸显。从数量看，中国劳动年龄人口从 2012 年开始减少，同时由于纺织行业工作强度大，职工流动性也大，新一代人口对从事纺织工业的意愿在降低，由于一线工人得不到有效补充，使得许多纺织企业长期缺工。从质量看，我国劳动者素质持续提升，但同实际需要相比仍有差距。科技创新正在重塑棉纺织行业的形态与格局，随着整个产业体系知识密集程度、业态融合程度不断深化，纺织工业对高端人才的需求在急剧增长。2023 年，纺织业，纺织服装、服饰业平均用工人数分别下降5%和8.7%，从趋势看，下降幅度还将进一步扩大。

第四章

医药工业

第一节 发展情况

一、运行情况

（一）工业增加值增速有所回落

2023 年，医药行业的工业增加值增速回升。如表 4-1 所示，2023 年 1—12 月，全国工业增加值的增速为 4.6%，相比于 2022 年 3.6% 的增速有所回落，下降了 1 个百分点。2023 年 1—12 月，医药制造业增加值全年累计增速为 -5.8%，相比 2022 年下降 2.4 个百分点，相比于全工业，医药工业整体表现优于工业平均水平，行业发展势头良好。

表 4-1 2022—2023 年 1—12 月工业和医药工业增加值增速比较

时 间	工 业		医 药 工 业	
	2022 年	2023 年	2022 年	2023 年
1—12 月	3.6%	4.6%	-3.4%	-5.8%

数据来源：国家统计局，2024 年 5 月。

（二）产能利用率较全工业平均水平稍高，产业结构调整压力依旧较大

2023 年，医药工业的产能利用率为 74.9%，与全工业的平均水平持

平，但仍未达到合理空间，产能依旧过剩①。如图 4-1 所示，2023 年，全工业产能利用率在 75.1% 左右徘徊，与全工业相比，医药工业产能利用率也存在产能过剩的情况，产业结构调整仍面临较大压力。

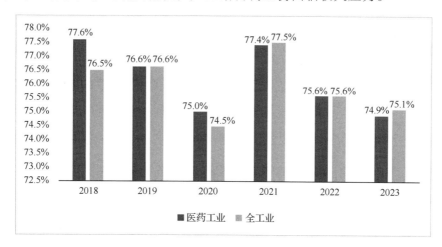

图 4-1　2018—2023 年全工业及医药工业产能利用率

数据来源：国家统计局，2024 年 5 月。

（三）出口交货值的增速下降，与新冠疫情相关的物资出口减少

如表 4-2 所示，2023 年，医药工业规模以上企业实现出口交货值 3423 亿元，比 2022 年同期下降 -16.3%。出口交货值的增速出现下降主要是由于进入后疫情时代，医药工业出口交货值趋于新冠疫情前平稳发展状态。较上一年度由于新冠疫情带来的我国医疗器械和医用卫生耗材出口大幅增加，2023 年医药工业出口交货值有所回落。

表 4-2　2023 年医药工业出口交货值情况

行 业 名 称	出口交货值（亿元）	比 2022 年同期增长
医药工业	3423	-16.3%

数据来源：国家统计局，2024 年 5 月。

---

① 按国际通行标准，产能利用率超过 90% 为产能不足，79%～90% 为正常水平，低于 79% 为产能过剩。

二、效益情况

（一）医药工业的营业收入减少，利润增速下降

如表 4-3 所示，2023 年，医药工业的营业收入为 25205.7 亿元，比 2022 年同比下降 3.7%，增速较 2022 年下降 2.1 个百分点。

表 4-3 2023 年医药工业的营业收入情况

行　　业	营业收入（亿元）	同　　比	2022 年增速
医药工业	25205.7	-3.7%	-1.6%

数据来源：国家统计局，2024 年 5 月。

如表 4-4 所示，2023 年，医药工业实现利润总额为 3473 亿元，同比下降 15.1%，增速相比 2022 年上升 16.7 个百分点。2023 年，医药工业利润增速低于营业收入增速，医药工业盈利能力的增势放缓，趋于新冠疫情前的平稳发展状态。

表 4-4 2023 年医药工业利润总额完成情况

行　　业	利润总额（亿元）	同　　比	2022 年增速
医药工业	3473	-15.1%	-31.8%

数据来源：国家统计局，2024 年 5 月。

（二）资产负债率整体呈现小幅增加，行业发展后劲较足

2023 年，医药工业总资产增长速度低于总负债增长速度，资产负债率为 39.6%，相比 2022 年的 39.3%呈现小幅增长。如表 4-5 所示，2023 年 1—12 月，医药工业资产同比增长 4.05%；同期，医药工业负债同比增长 4.85%。从资产负债率角度看，医药工业整体运行呈现健康态势，发展后劲较足。

表 4-5　2023 年 1—12 月医药工业资产负债情况

时　　间	资产同比增长	负债同比增长
1—2 月	10.70%	12.26%
1—3 月	8.95%	10.19%
1—4 月	7.98%	9.85%
1—5 月	6.33%	9.35%
1—6 月	5.67%	8.07%
1—7 月	6.17%	7.56%
1—8 月	5.67%	7.37%
1—9 月	5.34%	7.50%
1—10 月	5.10%	7.33%
1—11 月	4.96%	5.65%
1—12 月	4.05%	4.85%

数据来源：国家统计局，2024 年 5 月。

（三）亏损面扩大，医药工业的整体盈利能力呈向好态势

如表 4-6 所示，2023 年，医药工业亏损面相比 2022 年增大 4.6 个百分点。2023 年，医药工业企业数为 9412 家，其中亏损企业数为 2325 家，亏损面为 24.7%，相比 2022 年的 20.1 提高了 4.6 个百分点。综合行业利润增速来考虑，医药工业头部企业的盈利水平提升较快，医药工业的整体盈利能力呈向好态势。

表 4-6　2022—2023 年医药工业亏损情况

年　　份	亏损企业数/家	亏　损　面
2022	1771	20.1%
2023	2325	24.7%

数据来源：国家统计局，2024 年 5 月。

第二节　存在问题

一、医药工业高质量发展面临挑战

我国医药工业在研发创新、制造升级、中药守正创新等方面已取得积极进展。然而，在研发策略与资金支持、中药传承创新、国际化发展、保障供应链稳定可控等方面仍存在挑战。医药工业亟待进一步转变研发策略、建立多元化筹资体系、完善国际化配套政策、坚持中药特色监管、深化监管科学行动计划、强化监管能力建设，以支持新发展格局的构建，并提高医药产业链现代化水平，实现供应链稳定可控，加快向创新驱动的高质量发展转型。

二、医药工业创新力依旧不足

在基础研究方面，受限于科研配套软硬件的不足，我国前沿领域的原创发展受到制约。许多关键科研所需的精密仪器，例如基因测序仪、数字 PCR 仪等，仍需依赖进口，限制了创新能力。在临床研究方面，我国参与全球同步研发的程度不够充分，稀缺的优质临床试验机构资源尚待完善。在成果转化方面，我国产学研用协同发展的情况仍不够理想。迫切需要加速创新成果转化，以推动本土创新药能早日领先国际市场。在中药领域的中药饮片、中成药方面，还有待挖掘新的增长点。针对心脑血管疾病、自身免疫性疾病、妇儿科疾病、消化科疾病等中医优势病种，待进一步加快中药及民族药产品发展，待进一步挖掘开发民间特色民族药组方、验方，待加大力度研发作用机理明确、技术含量高、疗效可靠的民族药新药。

三、医药工业绿色生产能力待提升

药品生产过程中会使用大量化学品，造成污染物排放量较大、成分复杂、危险品废物难以处理的问题，因此是环保部门的重点治理行业。加之部分企业选择粗放生产，产品绿色生产水平低，环保治理技术存在不足，使三废排放存在不达标隐患。同时，随着环保监管要求不断提升，

"碳达峰"行动持续推进，这些都给医药工业绿色生产提出了更高的要求。在全国整体环境治理形势下，受环境容量不足的影响，能承载制药项目的区域不断减少，不少区域规划已将制药纳入限制类项目。医药生产基地面临整改压力，要在大力推动污染物减排的同时严格限制新建、扩建项目。

第五章

食品工业

第一节 发展情况

一、运行情况

（一）工业增加值平稳增长

截至 2023 年 12 月末，食品工业全国规模以上企业数量为 440667 家，其工业增加值占全部工业增加值的比重为 5.9%，其中农副食品加工业，食品制造业，酒、饮料和精制茶制造业的工业增加值分别占 2.4%、1.6%、1.9%。食品工业三大子行业的工业增加值均呈现正增长，增速分别达 0.2%、3.3%、0.8%。

（二）投资保持较好水平

如表 5-1 所示，2023 年，食品工业三大子行业固定资产投资的增速全年保持正增长趋势，其中，农副食品加工业 1—12 月的增速达 7.7%，较 1—3 月有所放缓，下降 2.4 个百分点，食品制造业，酒、饮料和精制茶制造业 1—12 月增速分别达 12.5%、7.6%，较 1—3 月的 5.8%、5.8% 分别下降 6.7、1.8 个百分点。

表 5-1　2023 年食品工业子行业固定资产投资的增速情况（%）

行　业　名　称	1—3 月	1—6 月	1—9 月	1—12 月
农副食品加工业	10.1	6.4	6.5	7.7

续表

行 业 名 称	1—3 月	1—6 月	1—9 月	1—12 月
食品制造业	5.8	1.4	7.5	12.5
酒、饮料和精制茶制造业	5.8	6.3	4.1	7.6

资料来源：国家统计局，2024 年 5 月。

（三）出口规模有所下降

2023 年，我国食品工业规模以上企业实现出口交货值为 3724 亿元，占全部工业出口交货值的 2.5%。如表 5-2 所示，酒、饮料和精制茶制造业出口交货值呈现增长态势，为 227.9 亿元，同比增长 2.4%；农副食品加工业、食品制造业出口交货值有所下降，分别为 2173.4、1322.7 亿元，同比分别下降 4.4%、4.1%。

表 5-2　2023 年全国食品工业出口交货值情况

行 业 名 称	全年出口交货值（亿元）	同比增长率（%）
农副食品加工业	2173.4	-4.4
食品制造业	1322.7	-4.1
酒、饮料和精制茶制造业	227.9	2.4

资料来源：国家统计局，2024 年 5 月。

二、效益情况

（一）经济效益稳健发展

2023 年，食品工业规模以上企业以占全国工业 4.8% 的资产，创造了 6.7% 的营业收入，完成了 8.0% 的利润总额，全年营业收入利润率为 6.8%（高于全国工业 1.0 个百分点，高于轻工业 0.6 个百分点）。其中，酒、饮料和精制茶制造业营业收入利润率较高，为 20.0%，高于全国工业 14.2 个百分点。

如表 5-3 所示，在收入方面，2023 年，食品工业规模以上企业营业收入达 90052.4 亿元，同比增长 2.5%，占轻工业营业收入的 40.1%，农副食品加工业，食品制造业和酒、饮料和精制茶制造业的营业收入增速分别为 1.1%、2.5%、7.4%。在 61 个小类行业中，39 个行业的营业收入同比增长，增幅为 0.2%～25.4%。

在利润方面，2023 年，食品工业规模以上企业实现利润总额 6168.0 亿元，同比增长 2.3%，占轻工业利润总额的 44.3%，食品制造业与酒、饮料和精制茶制造业实现较好增长，利润总额分别为 1666.8 亿元、3110.0 亿元，同比分别增长 4.2%、8.5%，农副食品加工业下降较为明显，利润总额为 1391.2 亿元，同比下降 11.0%。在 61 个小类行业中，38 个行业的利润总额同比增长，增幅为 1.0%～271.9%。

在成本方面，2023 年，食品工业规模以上企业的营业成本为 75796.1 亿元，同比增长 1.8%，增幅高于轻工业 1.2 个百分点，农副食品加工业，食品制造业与酒、饮料和精制茶制造业的营业成本增速分别为 1.3%、1.9%、4.3%。在 61 个小类行业中，23 个行业的营业成本同比下降，降幅为 0.2%～27.9%。

表 5-3　2023 年全国食品工业主要经济效益指标概况

行业名称	企业总数（家）	资产总计（亿元）	营业收入（亿元）	同比增长率（%）	营业成本（亿元）	同比增长率（%）	利润总额（亿元）	同比增长率（%）	营收利润率（%）
食品工业	40667	81036.6	90052.4	2.5	75796.1	1.8	6168.0	2.3	6.8
农副食品加工业	25005	35661.5	54038.6	1.1	49955.7	1.3	1391.2	-11.0	2.6
食品制造业	9774	21916.7	20497.6	2.5	16012.3	1.9	1666.8	4.2	8.1
酒、饮料和精制茶制造业	5888	23458.4	15516.2	7.4	9828.1	4.3	3110.0	8.5	20.0

资料来源：国家统计局，2024 年 5 月。

（二）亏损情况持续加深

如表 5-4 所示，截至 2023 年 12 月末，我国食品工业规模以上亏损企业为 8875 家，亏损面为 21.8%（较 2022 年扩大 2.1 个百分点），亏损深度为 11.4%（较 2022 年扩大 2.6 个百分点）。从亏损企业亏损总额来看，食品工业总计达 704.3 亿元，其中农副食品加工业占比最高，约为 60.5%。从亏损面来看，食品工业三大子行业亏损面均有所扩大，其中农副食品加工业、食品制造业亏损面分别为 22.1%、21.8%，分别较 2022 年同期扩大 1.7、1.2 个百分点，酒、饮料和精制茶制造业亏损面为 20.9%，低于食品工业总体 0.9 个百分点，但较 2022 年同期扩大 5.5 个百分点。从亏损深度来看，农副食品加工业的亏损深度最为明显，为 30.6%，较 2022 年同期增加 11.3 个百分点，食品制造业，酒、饮料和精制茶制造业亏损深度略有扩大，分别为 9.6%、2.9%，较 2022 年同期分别扩大 1.1、0.3 个百分点。从负债率看，全年食品工业规模以上企业资产负债率为 54.1%，低于轻工行业 1.6 个百分点，其中，农副食品加工业负债率为 62.2%，是三大子行业中负债率最高的行业。

表 5-4　2023 年全国食品工业及子行业负债和亏损企业亏损情况

行　业　名　称	亏损企业数（家）	亏损企业亏损总额（亿元）	亏损面（%）	亏损深度（%）	负债率（%）
食品工业	8875	704.3	21.8	11.4	54.1
农副食品加工业	5517	426.0	22.1	30.6	62.2
食品制造业	2130	159.8	21.8	9.6	51.8
酒、饮料和精制茶制造业	1228	91.5	20.9	2.9	44.1

资料来源：国家统计局，2024 年 5 月。

三、重点产品和重点领域情况

（一）重点产品情况

如表 5-5 所示，2023 年，在全国食品工业主要生产的 10 类产品中，有 8 类产品的产量同比增长，其中鲜、冷藏肉产量增幅较大，同比增长

15.3%，其他行业增幅保持在 0.3%～5.9% 的范围内；有 2 类产品的产量有所减少，成品糖、白酒（折 65 度，商品量）产量同比分别下降 13.2%、2.8%。

表 5-5　2023 年全国食品工业主要产品产量

序　号	产 品 名 称	全 年 产 量	同比增长（%）
1	饲料	31358.9 万吨	1.4
2	精制食用植物油	4897 万吨	5.9
3	成品糖	1270.6 万吨	-13.2
4	鲜、冷藏肉	3923.5 万吨	15.3
5	乳制品	3054.6 万千升	3.1
6	罐头	655.8 万砘	4.2
7	白酒（折 65 度，商品量）	449.2 万千升	-2.8
8	啤酒	3555.5 万千升	0.3
9	葡萄酒	14.3 万千升	2.9
10	饮料	17499.8 万千升	4.1

资料来源：国家统计局，2024 年 5 月。

（二）重点领域情况

1. 农副食品加工业

2023 年，从 8 个中类行业的生产情况来看，在工业增加值方面，饲料加工行业、植物油加工行业、屠宰及肉类加工行业的工业增加值有所增长，同比分别增长 1.3%、4.1%、8.1%，其他行业有所下降，其中谷物磨制行业降幅最为明显，同比下降 12.6%。在出口交货值方面，除屠宰及肉类加工行业、水产品加工、其他农副食品加工行业外，2023 年，出口交货值均有较好增长，其中水产品加工行业的降幅最为明显，同比下降 10.5%，谷物磨制行业、制糖行业的增幅较为显著，同比分别增长 38.5%、52.3%。

2023 年，从 24 个小类的行业效益情况看，在营业收入方面，有 13 个小类行业实现同比增长，其中，禽类屠宰行业、鱼油提取及制品制造行业增长较快，同比分别增长 11.3%、25.4%，谷物磨制行业、非食用植物油加工行业、水产品加工行业的降幅较为明显，同比分别下降13.7%、12.6%、26.0%，其他行业降幅保持在 0.5%～8.0%的范围内。在利润总额方面，有 10 个小类行业实现同比增长，其中，非食用植物油加工行业、制糖行业、禽类屠宰行业、鱼油提取及制品制造行业、蛋品加工行业增长较快，同比分别增长 53.8%、271.9%、79.7%、48.6%、36.4%，而小麦加工行业、玉米加工行业、食用植物油加工行业、淀粉及淀粉制品制造行业下降幅度较大，同比分别下降 34.2%、61.1%、31.5%、68.0%。在营业成本方面，有 10 个小类行业实现同比下降，其他行业均有所上涨，其中，谷物磨制行业、非食用植物油加工行业、水产品加工行业的营收成本下降较为明显，同比分别下降 13.7%、12.6%、26.0%，鱼油提取及制品制造行业的增幅较大，同比增长 23.5%，其他行业增幅保持在0.2%～11.1%的范围内。

2．食品制造业

2023 年，从 7 个中类行业的生产情况看，在工业增加值方面，糖果巧克力及蜜饯制造行业、方便食品制造行业、罐头食品制造行业的工业增加值略有下降，同比分别下降 0.5%、0.2%、2.1%，其他行业均有所增长，增幅在 0.3%～8.4%的范围内。在出口交货值方面，除糖果巧克力及蜜饯制造行业、调味品发酵制品制造行业、其他食品制造行业外，其他行业的出口交货值均有较好增长，其中，焙烤食品制造行业的增幅最为显著，同比增长 15.6%。

2023 年，从 24 个小类行业的效益情况看，在营业收入方面，有 16 个小类行业实现同比增长，其中，方便食品制造行业同比增长 11.8%，其他行业增幅在 0.2%～8.5%的范围内，其他 8 个小类行业呈负增长，降幅在 0.5%～6.2%之间。在利润总额方面，有 17 个小类行业实现同比增长，其中，方便面制造行业、其他乳制品制造行业、蔬菜水果罐头制造行业的利润增长较快，同比分别增长 38.9%、57.9%、69.8%，方便食品制造行业转亏为盈，利润总额由 2022 年同期的-3.3 亿元提升至 15.5亿元，米面制品制造行业、乳粉制造行业、味精制造行业下降幅度较大，同比分别下降 32.8%、38.8%、48.2%。在营业成本方面，有 9 个小类行业实现同比下降，其他行业均有所上涨。

3. 酒、饮料和精制茶制造业

2023 年，从 3 个中类行业生产情况看，在工业增加值方面，酒的制造行业、饮料制造行业的工业增加值均较好地增长，同比分别增长 2.2%、0.2%，精制茶加工行业降幅较为明显，同比下降 11.3%。在出口交货值方面，酒的制造行业、精制茶加工行业的出口交货值增长较好，同比分别增长 5.5%、4.2%，饮料制造行业的出口交货值降幅较为明显，同比下降 5.2%。

2023 年，从 13 个小类行业的效益情况看，在营业收入方面，10 个小类行业实现同比增长，其中，白酒制造行业、瓶（罐）装饮用水制造行业、果菜汁及果菜汁饮料制造行业的同比分别增长 11.9%、10.0%、12.5%，其他行业在营业收入上的增幅在 0.9%～9.0%的范围内，剩余 3 个小类行业呈负增长，酒精制造行业、葡萄酒制造行业、精制茶加工行业的同比分别下降 3.4%、5.7%、5.3%。在利润总额方面，酒精制造行业、精制茶加工行业的同比分别下降 85.9%、1.3%，其他行业均有上升，其中，黄酒制造行业、其他酒制造行业、果菜汁及果菜汁饮料制造行业、固体饮料制造行业的增幅较明显，同比分别增长 39.3%、73.5%、41.7%、48.8%。在营业成本方面，酒精制造行业、葡萄酒制造行业、其他酒制造行业、精制茶加工行业的营业成本有所下降，同比分别下降 3.3%、6.7%、0.2%、5.8%，黄酒制造行业与 2022 年同期持平，其他行业在营业成本上均有所增长，增幅在 2.3%～11.1%的范围内。

第二节　存在问题

一、国际供应链加速重塑，原材料供应、商品贸易、对外合作面临新形势

新冠疫情过后，国际食品工业供应链格局加速重塑，国际形势持续复杂演变，部分地区经贸存在不稳定因素，进出口贸易均存一定风险。在原料进口方面，我国益生菌株、发酵剂、酶制剂等关键物料依赖进口，主要产品进口率在 70% 以上。高油大豆、玉米、食糖等原料结构型短缺问题依旧突出，由于国产大豆加工消费量有限，导致压榨不具有比较优

势，新增扩产部分产销衔接不畅，同时，为满足养殖业和工业发展需求，玉米、高粱等的进口量逐年增加。全球谷物及农产品原料价格普遍持续上涨，部分国家针对重点粮食、农产品等颁布出口禁令或限制，导致食品加工产业链成本上涨，从国内看，受营收无法"跑赢"成本上涨的影响，农副食品加工业盈利水平下降，规上企业利润总额同比降低 11.0%。在产品出口方面，受全球经济增长放缓、主要经济体消费疲软、地缘政治复杂演进等多重因素影响，订单面临更多不确定性。展望未来一个发展时期，随着 RCEP 等一系列区域贸易协定的实施，我国与周边国家贸易一体化进程的加快，拓展出口"市场圈"的有利条件增多。

二、居民消费升级步伐加速，对食品工业供给侧提升适配性提出更高要求

根据商务部网络零售监测机构数据的显示，"食品酒水"板块占全网实物商品零售规模的 8.5%，从细分领域看，功能食品、奶酪黄油、新鲜蛋糕增长较快，同比分别增长 2.9 倍、1.3 倍、1.2 倍。"酱香拿铁""现泡茶饮"等基于现代加工技术、融合传统食品文化、立足新消费渠道的食品及餐饮产品受到消费者青睐。与此同时，行业长期发展还存在一些短板，制造能力强但创新能力弱、生产规模大但有效供给不足、品牌多但知名品牌少的问题在细分领域还有不同程度的存在，食品生产供给与消费者日趋多样化、高端化的消费需求尚无法完全适配。例如，随着我国老龄化进程加剧，高龄老人数量加快增长，但高品质、多样化的老年食品依然供给不足。

三、食品安全保持较好水平，社会关注的重点产品、重点环节监管亟待强化

从总体看，全国食品安全抽检监测总体合格率连续七年超过 97%，大宗产品均保持在较高水平，婴儿配方乳粉抽检合格率连续七年超过 99%。同时，随着新式茶饮、电商烘焙等新产品、新模式加快发展，也存在监管弱地带和难覆盖区域，对建立健全相关标准和服务规范、完善产品召回制度等提出更高要求，预制菜产品标准体系建设和生产流通质

量安全保障受到消费者关注。从食品包装看，食品包装应用数量规模大，存在商品流通环节链条长、治理难等问题，一些重点商品领域流通环节的二次包装存在隐蔽性强、层出不穷的特点，特别是针对茶产品、节庆食品等重点商品领域，过度包装治理工作仍需加强关注。此外，网络舆情引导有待加强，"阿斯巴甜安全性""预制菜进校园"等话题引起热议，"加碘盐预防核辐射"等不实言论在网络的传播对社会产生了不良影响。

第六章

锂电储能产业

第一节　发展情况

一、运行情况

（一）总体保持快速增长

2023 年，全球锂电池产量约为 1250GWh，我国锂电池产业延续增长态势，全国锂电池总产量超过 940GWh，同比增长 25%，行业总产值超过 1.4 万亿元，全球锂电池产量排名前十位的企业中，我国占据 5 席。

在电池环节，我国在消费型、动力型、储能型锂电池的产量分别为 80GWh、675GWh、185GWh，锂电池装机量（含新能源汽车、新型储能）超过 435GWh。出口贸易持续增长，全年全国锂电池出口总额达到 4574 亿元，同比增长超过 33%。电芯价格从 2023 年 1 月的均价 0.9 元/Wh，下降到 2023 年 12 月的均价 0.43 元/Wh，价格降幅超过 50%。在一阶材料环节，我国在正极材料、负极材料、隔膜、电解液的产量分别达到 230 万吨、165 万吨、150 亿平方米、100 万吨，增幅均在 15%以上。在二阶材料环节，我国在碳酸锂、氢氧化锂的产量分别为 46.3 万吨、28.5 万吨，电池级碳酸锂、电池级氢氧化锂（微粉级）的均价分别为 25.8 万元/吨和 27.3 万元/吨。

以中国锂电池产业为代表的全球先进产能，极大丰富了全球锂电池产品的供给，为全球企业和消费者提供了绿色、优质的生产生活体验，为全球应对气候变化和绿色转型作出了巨大贡献。世界各国依据要素禀赋、发展路径等因素形成了不同产业领域的比较优势，相关产品通过跨国贸易互通有无。

（二）应用市场加速拓展

随着锂电池应用场景不断丰富，我国锂电池下游市场需求依然保持增长态势。据国家能源局统计，截至 2023 年年底，全国已建成投运的新型储能项目累计装机规模达 3139 万千瓦/6687 万千瓦时，平均储能时长 2.1 小时。2023 年新增装机规模约 2260 万千瓦/4870 万千瓦时，较 2022 年同比增长超过 260%。其中锂离子电池储能占比 97.4%，铅炭电池储能占比 0.5%，压缩空气储能占比 0.5%，液流电池储能占比 0.4%，其他新型储能技术占比 1.2%。据中国汽车工业协会统计，2023 年我国新能源汽车产销分别为 958.7 万辆和 949.5 万辆，同比分别增长 35.8% 和 37.9%。从中国汽车动力电池产业创新联盟发布数据看，2023 年 1—12 月，我国动力电池累计装车量为 387.7GWh，累计同比增长 31.6%。其中三元电池累计装车量为 126.2GWh，占总装车量的 32.6%，累计同比增长 14.3%；磷酸铁锂电池累计装车量为 261.0GWh，占总装车量 67.3%，累计同比增长 42.1%。

目前锂电池产业发展进入高端、优质产能供应不足，低水平产能面临淘汰的产业结构调整升级阶段。从需求侧看，锂电池行业依然存在巨大的市场空间和机会。根据有关研究机构预期，2025 年全球锂电池需求量将超过 1800GWh，其中中国市场需求量将超过 1200GWh。国际能源署发布的《电池和能源安全转型》报告预计，从 2024 年到 2030 年，电池技术创新和部署需要大幅加速，以实现 2030 年的全球能源和气候目标。在这种情况下，到 2030 年，全球总体储能容量预计将增加 6 倍，其中九成的增量来自电池储能容量。能源消费电力化趋势推动锂电池在新型储能、电动船舶、电动工具、低空飞行器等领域加速应用，为工业经济稳定增长增添新动能。例如 2024 年 3 月，采用 302Ah 容量、先进电池系统热失控阻隔技术的大型电动客船在福州市台江码头首航。

（三）企业加速海外布局

据不完全统计，2023年我国有超过10家电芯企业、超过20家关键材料企业赴海外投资，对外公布的总投资额近2000亿元人民币，主要投资形式包括独资建厂、海外收购以及技术授权，其中拟赴北美地区投资电池及材料的企业10余家。据行业机构统计，2023年，我国锂电池产业投融资事件同比减少61%。进入2024年以来，一级市场对锂电池行业企业投资意愿减弱。证监会实施的逆周期调节机制已显现成效，截至2024年2月，已有五家锂电池行业公司被劝退IPO。

二、效益情况

2023年锂电池全行业总产值突破1.4万亿元。据行业研究机构统计，从产业链各环节上市企业的营收总额来看，锂电池环节营收占比最高，实现营收超9373亿元，占全产业链比重的57%。从营收增速来看，电芯、三元材料前驱体、隔膜、结构件、导电剂、黏结剂、制造设备等环节实现增长，其中结构件和制造设备环节的营收增速超10%；基础锂盐、正负极材料、电解液、铜铝箔、铝塑膜等环节营收下降，主要原因是产品降价幅度较大。

三、重点领域和重点产品情况

（一）产品技术创新赋能，竞争力不断提升

锂电池行业主要企业围绕电池结构创新、高效率系统集成、长寿命和全气候技术等方向加大攻关力度。360Wh/kg高能量密度及快充型高端电池产品加速应用，大幅缓解电动车主的里程焦虑；先进复合集流体等我国研发的高附加值产品实现商业化应用；高能量密度半固态电池在无人机、智能可穿戴设备等消费电子领域加速渗透；固态电池的产品性能在两个方面得到提升，一是固态电解质可兼容高性能正负极材料，如高电压平台富锂锰材料和锂金属负极材料，使电芯能量密度在液态电池330～350Wh/kg上限基础上大幅提升至450Wh/kg，二是内串式集成技术减少了电池对外部串联模组的依赖，从而减轻了电池整体重量，进一

步提升了系统集成效率；干法电极和全极耳技术已在 4695 大圆柱电池上开展初步验证。锂电池产业高端化、智能化、绿色化发展水平持续提升。

（二）规模制造水平保持领先

我国锂电龙头企业自主开发的正向数据采集链和数字化运行体系，将产品相关数据、设备和产线控制参数等关联交互，通过大数据自动分析、自动识别产品品质及设备的状态趋势，实现缺陷自动预警、参数闭环自调整、设备预测性维护的功能。在锂电池产品大规模生产的前提下，实现了 PPB 级产品缺陷率的极简制造、极限制造和智能制造，规模化生产线和规模化制造能力保持全球领先水平。

（三）自主知识产权数量全球领先

我国锂电池领域相关专利申请量和授权量双双保持全球领先。截至 2023 年 9 月，专利申请量为 147403 件，专利授权量为 31647 件，均位居全球首位。发明专利申请量 96022 件，占全球总申请量的 49.3%。发明专利授权量 34358 件，占全球总授权量的 44.3%。从专利质量看，我国锂电池领域高质量专利共 6685 件，全球排名第 3，但专利数量仅占日本专利数量的 50%。超过 70 次引证的专利有 113 件，低于日本的 140 件、美国的 191 件，知识产权质量亟待提升。

第二节　存在问题

一、国际市场对华贸易壁垒不断加深

美国谋求与中国"脱钩"的领域，从芯片等高敏感领域向锂电池等低敏感领域进一步延伸。2021 年美国国防部牵头启动为期 100 天的供应链审查，以解决大容量锂电池、关键矿产材料等重要领域产业链中的漏洞，首次明确了锂电产业在美国的重要战略地位，同时指出全球锂电产业链集中在中国，有可能造成供应链中断和政治化贸易行为的风险。基于锂电池及关键矿产资源供应链审查结果，美国能源部正式发布《国

家锂电蓝图 2021—2030》，从国家战略层面对美国锂电产业链发展进行了近期和长期的全面规划。2022 年美国《基础设施投资和就业法案》将提供超过 600 亿美元用于清洁能源投资。2023 年美国推出的《通胀削减法案》，具有鲜明的本土保护主义色彩，美国试图通过排他性扶持政策，对我国实施清洁能源产业"精准脱钩"。

二、锂电储能技术装备供给仍显不足

当前，全国新型储能装机规模持续快速增长，其中锂电储能占据绝对主导地位。据国家能源局统计，仅仅 2023 年上半年，我国新投运装机规模就已相当于此前历年累计装机规模总和。其中，锂离子电池储能仍占绝对主导地位，占比超过 95%。但是，锂电储能市场火热的背后，却潜藏着储能锂电池技术产品研发与储能场景规模应用要求的若干不符：我国储能锂电池基础研究的原始性创新不足、模仿式研究普遍、产业化结合程度低；锂电储能技术装备无法满足电力系统深度脱碳需求，相当一部分供应商系统集成能力薄弱，规模储能的安全问题未有效解决。

三、软实力与产业发展速度不相匹配

我国水电尚未从国家层面纳入绿色电力证书范围，导致国际认可存在不确定性。由于国家层面尚未发布统一的产品碳足迹标准体系，使得目前企业开展碳足迹核算多参考国外相关标准（如 ISO14067 产品碳足迹计算方法，PAS2050 产品和服务生命周期温室气体排放评估规范）。现阶段可供进行锂电池全生命周期碳足迹核算的数据信息仍然缺位，电池全生命周期数据难以获取。我国行业龙头企业的零碳工厂和园区认证主要依托 SGS 等国际机构开展，急需建设覆盖锂电池全产业链的全生命周期数据平台。

四、新型储能安全保障能力亟待提升

锂电储能的安全风险问题随单体容量和系统集成度的提升而同步积累，急需构建多维度安全保障技术体系。储能电芯主流容量从 50Ah

快速发展到 280~320Ah；40 英尺（1 英尺≈0.3048 米）集装箱带电量从 2020 年的将近 2MWh，提升至目前主流的 3.6MWh。能量密度和单体容量的快速发展，使得电芯热失控瞬间释放的能量大幅增加且热蔓延速度加快，给储能电站安全性能保障带来巨大的挑战。建立"本征-主动-防护"三维安全保障技术体系，已成为应对规模化发展的必然趋势。

电化学储能各技术路线安全水平参差不齐，呼唤精细化安全评价体系。发电侧集中式支撑可再生能源并网需求，电网侧支持电力调峰、系统调频等需求，工商业用户侧峰谷套利等多需求场景，引导电化学储能技术百花齐放。现阶段，锂电储能综合优势明显、发展速度最快，此路线因滥用或内短路导致热失控和热蔓延风险较高；液流电池本征安全性能较好，但能量密度和电压平台较低，集成复杂度相对较高，重金属污染风险相对较大；氢储能有望成为大规模长时储能的重要技术，但由于氢气具有危险化学品属性，导致其在制、储、输、用多环节需要更高的安全防护要求。为了有效预防和减少事故的发生，应建立以应用为导向、涉及多元化技术路线的电化学储能系统安全风险评价体系。安全保障难度随着电化学储能规模化发展而增高，急需提升正向安全设计和安全运维能力。对于我国的三峡乌兰察布风光储能项目，全球首次将电化学储能的规模提升至吉瓦时的全新高度，系统电压提升到 1500V；全球最大的液流电池储能调峰电站也已在大连并网投运。多元化应用和大规模集成的发展，大大增加了储能电站安全设计、建设和运维管理的难度。在设计方面，应结合电化学储能应用场景、系统高电压和大规模集成等特点，提升行业正向系统安全设计水平。在电站建设方面，应建立切实可操作的标准化系统建设安装、调试和并网安全技术标准及监控体系，加强安全保障能力。在运维管理方面，健全安全管理体系，杜绝各方安全运维职责不明或履行不到位的情况，消除建设运营方因追求低成本而造成安全隐患。

区域篇

第七章

典型地区分析

第一节　典型地区：浙江省

一、运行情况

2023 年习近平总书记再次亲临浙江考察并发表重要讲话，赋予浙江"中国式现代化的先行者"新定位和"奋力谱写中国式现代化浙江新篇章"新使命。消费品工业是浙江省传统优势产业和重要民生产业，全省规模以上消费品工业企业数占到全省规模以上工业企业数的近一半。2023 年浙江省紧扣"勇当先行者、谱写新篇章"，全年消费品工业运行情况稳步增进。

2023 年浙江全省经济总量突破 8 亿元大关，生产总值为 82553 亿元，按不变价格计算，较 2022 年增速 6 个百分点，总量迈上新台阶。其中，第二产业增加值为 33953 亿元，占比全产业总值的 41.1%，增长 5 个百分点。工业增加值较上年提升 4.9 个百分点，其中，规模以上工业增加值为 22388 亿元，全年增速达 6.0%，较一季度、上半年、前三季度分别提升 3.0、1.3、0.5 个百分点。全省 38 个工业行业大类中，有 29 个行业增加值较上年正向增长，增长面达 76.3%。1—10 月规模以上消费品工业实现营业收入 2.57 万亿元，工业增加值为 5777 亿元，出口交货值达 4503 亿元。全省整体工业生产运行平稳。

传统制造业对浙江省工业的支撑作用显著。浙江省纺织、轻工等 17 个重点传统制造业产销增长、盈利修复。这 17 个重点传统制造业规模以上工业增加值较上年增长 6.8 个百分点，达 13070.1 亿元，总产值比重稳定在 61% 左右，且自 2023 年 9 月以来，累计增速连续 4 个月高于全省平均水平。17 个重点传统制造业的利润总额增速总体呈现"10 正 7 负"，行业利润恢复加速，实现利润总额 3129.9 亿元，较上年增长 0.1 个百分点，增速近两年内首次实现转负为正。以纺织服装为主的劳动密集型产品出口额为 1.09 万亿元，增长 4.0 个百分点。

消费品终端市场扩增迅速。2023 年浙江省全体居民人均可支配收入为 63830 元，比全国平均水平高出 24612 元，居 31 个省（区、市）中的第 3 位、省（区）第 1 位，较上年增长 5.9 个百分点，为消费品市场打下良好消费基础。全省 2023 年社会消费品零售总额达 32550 亿元，较上年增长 6.8 个百分点。限额以上单位商品零售额中，中西药品类、烟酒类、服装鞋帽针纺织品类等生活类商品零售额分别增长 10.2%、9.8% 和 8.4%；生活品质类增长较快，通信器材类、金银珠宝类和化妆品类分别增长 37.5%、14.5% 和 8.4%；智能低碳消费品销售增势迅猛，可穿戴智能设备、智能手机以及智能家用电器和音像器材类分别增长 33.9%、30.3% 和 10.3%。

二、发展经验

（一）筑强数字化转型基础

一是持续部署数字化基础支撑能力建设。浙江省将互联网技术与设计深度融合，降低企业数字化、智能化改造成本和门槛，提升企业智慧设计、柔性制造、供应链协同等关键环节的集成创新和融合应用能力。

二是打造模板方案产品。形成"小而精""模块化""组合式"的轻量级数字化改造解决方案，开发轻量级数字化应用产品，将易入门、低成本、短周期、可复制的轻量级数字化改造项目重点推广。

三是打造服务机构和服务模块"双菜单"。三大运营商依托"5G+工业互联网"优势能力，以数字智能技术赋能浙江省消费品工业，为当地企业提供适配的数字化、智能化改造解决方案。以中国电信为浙江省服装企业雅莹集团打造的"全光网络直播新零售项目"为例，凭借FTTR-B 全网网络和高速 WiFi 等数字基础，企业可享受工业光网为直

播等新业态带来的营销红利，雅莹集团通过无固定场所直播提升销售收入，2023 年"618"期间，雅莹集团线上销售额较上年同期增长 30%。

（二）加强全链路服务水平

一是推广"智能制造+市场开拓"（M+M）模式。针对各类别消费品工业，分批次遴选关于数字设计、智能制造、智慧物流、跨境服务、国际支付结算、市场拓展、品牌运营、供应链金融、人才培育、智库咨询等领域的服务机构，形成需求精准响应、资源高效统筹的全方位赋能体系，强化消费品工业的全链路、全周期专业服务能力，助力浙产精品通达全球。

二是打造产业集群全链路赋能标杆项目。支持纺织服装、生物医药、家具、家电、照明、五金、化妆品等重点行业龙头企业与服务机构共建服务站，实行属地化服务机制，形成规模优势，以市场换价格，持续降低消费品工业企业打通产业链、供应链各环节的人财物成本。

三是打造一站式高性价比服务。由政府牵头搭建平台，汇聚优质服务商，为传统产业转型提供一站式、全链路、高性价比的专业服务，探索消费品工业转型升级的新路径、新经验，以浙江智造赢得全球市场，推动浙江省消费品工业高质量发展。

（三）培育高质量精品供给

一是发挥政策引导作用。印发《关于促进浙江省纺织产业高质量发展的实施意见》，发布《浙江省消费品工业"浙里智造供全球"行动方案（2023—2025 年）》，开展消费品领域各行业研究，推动浙江省消费品工业高质量发展，编制纺织、轻工等行业年度发展报告。

二是聚焦"415X"先进制造业集群，推进消费品领域"品字标浙江制造"认证企业的培育工作，开展消费品领域"浙江制造精品"评选及推广应用工作。鼓励企业顺应健康、医疗、养老、育幼、家居等民生需求和消费升级趋势，融合优秀文化元素，不断创新数字化、网络化、智能化的交互终端和用品用具，开发引爆市场需求的日用消费优品、新锐时尚爆品、消费潮品等特色（消费品）类精品。

三是持续培育消费品工业新增长点。加快推进互联网、大数据、人工智能、5G 等在养老育幼等领域的应用，持续推动"浙里康养"建设，举办 2023 浙江（国际）康养产业博览会，推荐优秀产品纳入工业和信息化部老年用品产品推广目录，丰富老年用品市场供给。

（四）持续推进品牌建设

一是注重标准引领。强化消费品质量提升，加快标准体系建设，出台《浙江省现代纺织产业链标准体系建设指南》等，引导企业对标国际先进标准，以各级政府颁发标准创新贡献奖、质量奖等方式支持质量强企千百行动。

二是梯次培育"中国精品"。构建完善"浙江制造"品牌培育、发展和保护机制，扩大亮点突出、口碑良好的优质产品和领军企业影响力。持续推进"三品"战略示范城市培育创建工作。鼓励企业积极争取列入中国消费名品方阵，重点聚焦培育特色产业集群和优质区域品牌。

三是扩大新品精品名品供给。围绕纺织服装、家具、家电、化妆品等，推进产品功能、制造工艺、服务模式的升级，加快个性化、国际化的产品研发和品牌集萃，打造具有自主产权和自主品牌的消费制造精品。

（五）创新生态提质升级

一是提升创新研发能力。支持地方创建国家级纺织服装创意设计示范园区（平台）、高质量建设制造业创新中心、重点企业研究院、创意设计园区、企业技术中心、工业设计中心等创新创意平台，打造定位清晰、层次分明、有机衔接的消费品工业产业创新平台体系。

二是加强科技项目攻关。支持龙头企业、科研院所设立海外创新孵化中心、海外研发机构、国际联合实验室等，布局国际科技合作载体。实施消费品领域"尖兵""领雁"重点研发计划项目，实现关键核心技术突破。

三是展贸工融合联动。依托产业举办面向消费者的会展，方便企业紧跟市场需求，准确把握消费者喜好，推动展览与专业市场结合，为消费品工业制造企业做配套，发掘潜在市场机会，以市场需求为导向将创意迅速转化为实际产品。

四是加强消费提振。推进"浙里来消费"品牌建设，开展"三品"全国行、纺织服装"优供给促升级""十链百场万企"等活动，加强优质消费品推广，增加高品质步行街、夜经济、集市经济、节日经济等消费场景，2023 年五一期间全省 29 条步行街营业额比上年同期增长 42.84%。

（六）推动多领域跨界融合

一是积极推动传统工艺美术与消费品行业有机交融。充分发挥浙江工艺美术强省优势，鼓励工艺美术大师、非遗传承人、文化创意工作室等开发具有传统文化元素的特色消费品，支持中华传统文化、宋韵国潮与当代美学、流行趋势相融合的创意设计。

二是激活升级特色 IP 和创新产品。实施"礼出之江"省域品牌锻造计划，开展"浙派好礼"等创新创意大赛，支持打造"浙里工美"数字化平台。

三是加强新业态、新模式推广应用。在消费品细分领域遴选新技术、新业态、新模式典型案例并推广。鼓励企业积极与供应链伙伴、平台服务机构开展业务协作和资源共享，打造数据互联互通、信息可信交互、生产深度协同、资源柔性配置的智慧供应链。

（七）强化全球资源链接

一是高效对接全球资源。鼓励消费品企业深耕欧美日等传统市场，拓展东盟、中东、非洲等"一带一路"共建国家和地区市场，深化"千团万企"拓市场、增订单行动。

二是创新"前展后仓"运营模式。进一步做大做强海外仓，推进海外仓服务功能系统集成，强化消费品工业大宗原料配置能力，鼓励开展原辅材料、关键零部件集中采购。

三是有序引导消费品企业国际布局。持续推进"丝路领航"行动计划，鼓励率先布局重点国别区域关键产业链供应链节点，建立全球研发、技术、生产和营销体系。引导骨干企业"借船出海"，支持企业通过新设、并购、合作等方式建设海外营销网络。

四是加强消费品产业链优质项目招引。聚焦消费品领域关键环节和重点领域，大力招引高端外资项目、产业链优质项目、生产性服务业项目。加强"1+1+100"基金招商伙伴体系对消费品领域优质项目招引的支撑力度。组织开展消费品领域国际产业投资合作系列活动，支持企业运用"云展示""云对接""云签约"等新模式进行展示推介、洽谈合作和线上签约。

三、启示与建议

一是多措并举扩大消费。积极培育智能家居、文化与旅游、体育赛事、国货潮品、母婴育幼、银发经济等新的消费增长点。大力发展数字消费、绿色消费、健康消费等新型消费，紧抓家电等主力品类消费由首购为主加速转向增购换购为主的消费新阶段，稳定和扩大传统消费，推动消费品以旧换新。营造放心消费环境，积极推进"浙里来消费"品牌建设，推进业态、模式和消费内容等新型消费方面的加速革新，叠加促销政策，举办系列促销活动。

二是加快传统产业转型升级。支持传统消费品工业产业应用先进适用技术，推动纺织服装等优势产业迈向中高端，引导传统消费品工业企业由单一商品供应向商品+服务供应转型。支持丝绸、茶叶、黄酒、文房、青瓷、木雕、中药材等历史经典产业依托新技术、新品牌、新营销模式等形成新的产业集群，推进传承保护、创新提质、人才接续，探索线上线下个性化定制等营销模式，鼓励企业通过跨境电商平台加大出口。

三是提升绿色发展水平。提升纺织、造纸等高污染产业的产业基础高级化水平，加快补齐基础材料、基础零部件、基础软件、基础工艺和产业技术基础等短板，推动产业链高端化、智能化、绿色化转型升级。推动能源结构优化提升，鼓励消费品工业企业采购绿电，稳步推进落后产能、过剩产能的腾退与升级改造，鼓励印染等行业实施能效"领跑者"引领行动。

第二节　典型地区：安徽省

一、运行情况

2023 年，安徽省全年规模以上工业增加值比上年增长 7.5%。分经济类型看，国有控股企业的工业增加值增长 5.1%；股份制企业增长 7.7%；外商及港澳台商投资企业增长 5%。分门类看，采矿业的工业增加值增长 2.5%，制造业增长 8.8%，电力、热力、燃气及水生产和供应业增长 0.5%。分行业看，41 个工业大类行业中有 28 个行业的工业增加值保持增长。其中，化学原料和化学制品制造业增长 4.2%，非金属矿物制品业增长 5.6%，汽车制造业增长 33.9%，电气机械和器材制造业增长 20.0%，计算机、通信和其他电子设备制造业增长 4.2%。

在利润方面，全年规模以上工业企业利润为 2418.4 亿元，比上年增长 7.1%。分经济类型看，国有控股企业利润 647.6 亿元，增长 3.2%；股份制企业利润为 2023 亿元，增长 4.8%；外商及港澳台商投资企业的利润为 328.3 亿元，增长 17.5%；私营企业利润为 553.2 亿元，下降 8.9%。分门类看，采矿业利润为 269.5 亿元，增长 1.9%；制造业利润为 1946.3 亿元，增长 3.9%；电力、热力、燃气及水生产和供应业的利润为 202.6 亿元，增长 68.6%。全年规模以上工业企业每百元营业收入中的成本为 86.43 元，比上年下降 0.18 元；营业收入利润率为 4.75%，比上年下降 0.08 个百分点。

安徽省将生命健康产业视为带动经济发展的强大引擎，其已成为推动经济转型、培育新的经济增长点的重要抓手。省委省政府将生命健康产业列为十大新兴产业之一，加快推动生命健康产业发展，打造具有重要影响力的新兴产业聚集地。从增速来看，安徽省生物医药产业营业收入从 424.4 亿元增加到 1144 亿元，年均增速为 8.6%，同期全省 GDP 由 1.63 万亿元增加到 4.71 万亿元，年均增速为 9.25%。与全球和全国相比，安徽省生物医药产业增速低于 GDP 增速。从全国省份比较来看，2023 年，安徽省生物医药产业实现营收 1144 亿元，营业收入位居全国第 12 位，占全国生物医药产业比重的 4.5%，相比 2022 年的 3.3% 提高 1.2 个百分点。从产业分布区域来看，安徽已初步形成"一心两翼"产业布局，形成皖北、皖中、皖南各具特色的三大产业集聚区。"一心"指以合肥为代表的皖中地区，初步形成以生物医药、高端医疗器械为特色的产业集聚区。"两翼"指南北两翼，"北翼"指以亳州、阜阳、蚌埠为代表的皖北地区，初步形成以中药、化学药、医药流通为特色的产业集聚区。"南翼"指以安庆、宣城、池州和黄山为代表的皖南"大黄山地区"，初步形成以道地药材种植加工、大健康、康养旅游为特色的产业集聚区。其中，合肥市形成以合肥高新区为核心，合肥经开区、肥西经开区为两极，肥东县、包河区等县区联动的"一核两极多点支撑"的产业发展格局。目前有 800 余家生物医药企业。拥有合肥综合性国家科学中心大健康研究院、大基因中心等高能级生物医药创新转化平台。在抗体药物、疫苗、重组蛋白药物、高端医疗器械、精准医疗等领域形成一定发展优势。亳州市以现代中药为核心的产业格局已经形成。目前已初步形成涵盖中药材种植、中药饮片加工、中药配方颗粒生产、中成药制造、中药流通、中药科研和中药文化传播等中药全产业链发展模式。亳州是全球最大的中药材交易中心，2022 年，全市中医药产业规模达 1664.1 亿元，"世界中医药之都"的建设成效初显。阜阳市主要发展领域为现代医药、现代中药和医疗器械等，拥有阜阳（太和）现代医药产业集聚发展基地和华源医药现代物流园。太和县是全国最大的西药集散地，目前有来自全国 5000 多家药企驻场，销售 2.5 万多种药品，华源医药连续多年位居全国医药行业销售前十，形成了"买全国卖全国"的庞大医药销售网络。

二、发展经验

（一）创新产业发展工作机制，优化政策扶持引导

一是建立产业推进组工作专班领衔领办机制，组建安徽省生命健康产业推进组工作专班，组长由省政府负责同志担任，副组长由省政府办公厅负责同志、省卫生健康委主要负责同志、省发展改革委负责同志担任，合肥市、亳州市、阜阳市、芜湖市、蚌埠市、省科技厅、省经济和信息化厅、省民政厅、省住房和城乡建设厅、省文化和旅游厅、省卫生健康委、省体育局、省医保局、省地方金融监管局、省药监局等政府和部门负责同志为专班成员；推进组下设办公室，明确办公室主任、副主任和联络员职责。同时，为细化工作责任，增强工作合力，推动工作落实，成立六个专项工作组。二是进一步简政放权，着力改善政府审批服务，简化项目审批环节，探索生命健康产业发展正面引导和负面清单相结合的管理方式，建立市场准入、重点项目审批"绿色通道"。深化医

药卫生体制改革，统筹医疗、医保、医药"三医联动"改革，积极推进分级诊疗制度，推动医疗卫生事业与生命健康产业协同发展。三是建立生命健康产业监测核算与统计信息发布制度，加强对重点领域、重点企业的统计监测。制定完善相关建设标准和管理规范，强化医疗服务监管，加强多部门协同监管，完善跨界融合监管。加强产业自律，鼓励行业商协会制定生命健康产业行业规范，探索建立不良信用企业（机构）黑名单制度和不良信用者强制退出机制。

（二）多措并举鼓励创新，相关成果不断涌现

一是促进创新成果转化落地。依托合肥综合性国家科学中心大健康研究院，加快建设"1+8+N"研究平台，重点建设国家健康医疗大数据中部中心。搭建新型研发机构等成果转化平台，加快创新成果临床应用产业化、高端医疗器械产业化进程。加大企业自主研发扶持力度，支持企业与科研机构、高等院校联合开展技术攻关。推进建设一批国家科技计划项目和省重大科技专项。二是政策支持企业创新。对标政府对张江药谷等先进地区颁布的政策，加大对生命健康领域企业自主创新、创新服务体系建设、科技成果转化的补贴力度。按照"从优、就高"原则，整合优化各类支持政策，在现代医药、医疗器械等领域出台有竞争力的政策条款。实施梯次培育计划，对营业收入达到一定条件的企业，分别给予一次性补贴，着力打造一批龙头企业。鼓励企业参与生命健康领域涉企政策制定，充分激发市场主体活力和竞争力。三是创新成果不断涌现。建设合肥综合性国家科学中心大健康研究院。拥有中国科学院脑功能与脑疾病重点实验室、安徽省新型人用疫苗工程技术研究中心等国家级、省级创新平台形成了一批创新转化成果：智飞龙科马新冠疫苗是国内首个获批临床使用的新冠病毒重组蛋白疫苗；安科生物重组人干扰素α2b 等产品国内市场占有率领先；欧普康视是国内首家研发生产角膜塑形镜的近视防控器械企业，国内市场占有率第一；美亚光电率先研发的国产口腔专用 CT，国内市场占有率超 70%；中科普瑞昇创建的 HDGS 肿瘤精准用药技术体系，处于国际领先地位；合肥离子医学中心自主研发的超导质子治疗系统，其三大核心部件均通过测试；"托珠单抗+常规治疗"免疫治疗方案写入国家第七、第八版诊疗方案，并得到 WHO、

FDA、NHS 等权威部门的推荐。

（三）推动产业配套升级，不断优化产业环境

一是强化资本辅助支持。发挥资本市场优化资源配置和政府指引作用，设立安徽省生命健康产业发展基金，吸引各类金融机构、社会资本助力省内生命健康产业发展。发挥金融机构在生命健康产业发展中的支持推动作用，在项目资金、融资贷款等方面给予政策扶持。重点实施"科创企业上市行动"，鼓励企业间进行重组并购、整合优势资源，增强企业实力和核心竞争力。二是强化人才培育引进。支持医学院校探索专业人才定向培养模式，支持安徽省中医药科学院建设，重点培养行业领军人才、复合型管理人才、专业技能人才。引进"两院院士"等国家重点人才，对顶尖人才实行"一事一议"精准服务。建立省级医药高层次人才库，对入库人才实施动态管理。将引进人才按照不同等级纳入地方招才引智工作考核，提升招引积极性。三是鼓励协会建设发展。充分发挥安徽省健康文化旅游产业促进会、安徽省医院协会、安徽省医师协会、安徽省医药行业协会、安徽省医疗器械行业协会等已有行业商协会在政府及市场之间的桥梁纽带作用。加快培育发展生命健康产业商协会，探索建立行业商协会参与涉企政策制定、列席政府有关会议等制度机制，营造行业商协会高质量发展的良好环境。

（四）实施产业梳理招引，强化品牌建设推广

一是开展产业梳理工作。做好产业链顶层设计，找准生命健康产业发展中产业链、供应链存在的薄弱环节，锻长板，补短板。以产业链为纽带，以产业园区为载体，推动上下游企业协同发展。积极开展"双招双引"工作，全力招大引强，同时大力招引培育创新能力较强、掌握关键核心技术的中小企业，打造一批"隐形冠军"，推进产业集群发展，培育产业生态圈。二是加强项目谋划招引。加强项目谋划，储备一批技术含量高、带动作用大、市场效益好的重大项目。加大项目招引，依托"双招双引"综合调度平台，大力推进以商招商，招引优质项目资源。加快项目落地，建立省级生命健康产业重点项目库、存量企业和在建项目省市县分级调度机制。组建专家评审团，对引入项目提供参考和建议。

在招引过程中加强政策指引与落实，将优惠政策作为签约合同附件。三是强化产业宣传推介。实施皖药名品推介行动，立足道地及优势中药资源，倾力打造道地皖药品牌。鼓励企业争创省级著名商标、国家地理性标志和中国驰名商标。支持皖药产品进入国家基药和医保目录。继续办好国际（亳州）中医药博览会，利用世界制造业大会、国际徽商大会等搭建品牌展示平台，扩大我省医疗和医药产业在国内和国际的影响力。四是深化对外交流合作。举办行业交流大会，策划举办安徽省生命健康产业发展大会、生命健康产业合作洽谈会，定期举办中国康养产业博览会等生命健康产业博览会。深化长三角合作，依托长三角健康产业联盟等，开展跨区域联合科技攻关和产学研创新合作，共同打造面向全球的新型健康产业公共服务平台、共享技术平台和智慧医疗服务与保障技术平台。加强国际合作交流，鼓励企业与国际顶尖机构合作，引进国外高端技术和管理方式，支持企业开展国际性高层次、多领域科技交流。

三、启示与建议

一是继续推动行业建设。协调好人力物资的保障工作，加强分析其对行业、企业的影响。持续加大工业投资力度，加强技术创新，攻克核心技术，通过鼓励龙头企业、研发机构和高等院校等单位加强对关键技术的研究和成果应用，发现新的增长引擎。开展医药、食品、家电等传统优势产业高质量发展调研，研究出台相应的政策文件。二是深入开展促消费活动。指导各地市、各行业全面推进各项活动的开展，强化宣传引导，深挖消费潜力，推动消费品全链条稳步向好发展。畅通国内国际双循环，解决订单不足问题。要通过开展市场调研，根据用户需求加强产品研发抢占市场，增强用户黏性，形成稳定订单来源。三是加强地区联动助力地区均衡发展。根据珠三角各市原有产业分工特点，充分利用地理、人才、技术、设施等多方面优势，壮大龙头企业，引进大企业、开发大项目，挖掘城市亮点，打造城市产业新名片，推动产业结构升级，形成新的特有产业优势。深入开展制造业产业转移，缩小地区发展差距。鼓励珠三角核心区制造业向粤东、西、北地区转移，分散生产经营风险，实现资源优化，靠近消费者市场，减少运输成本与限制，实现产业链、

科研创新一体化发展，推动大市带小市，促进区域协调发展，共同实现做强做优做大。

第三节 典型地区：湖北省

一、运行情况

湖北省享有"千湖之省"和"鱼米之乡"的美誉，农副食品资源富集，"湖广熟、天下足"，依托得天独厚的条件，湖北省在消费品工业领域发展迅猛，优势显著，展现出强劲的发展态势。2023 年，湖北省食品、医药、纺织、轻工等 14 个工业大类拥有规模以上企业 6600 余家，营业收入超万亿元，占湖北工业整体营业收入的四分之一，在全国消费品工业中占有重要地位。其中，食品工业（含烟草）实现营业收入 5251 亿元，同比增长 6.4%；食品制造业、烟草投资业同比增长 7.1%、29.6%。纺织服装产业实现营业收入 1985 亿元，服装服饰业、化学纤维制造业投资增速同比增长 17.1%、52.8%。医药制造业增加值高于全国平均水平 5.2 个百分点，实现营业收入 1100 多亿元。轻工业五个重点大类行业实现营业收入 2240 亿元，同比增长 21.8%。木材加工（39.8%）、造纸和纸制品（26.4%）行业投资增速保持两位数较快增长，远远高于湖北省制造业投资增速。

二、发展经验

（一）坚持规划先行和补链强链

湖北省高位推动消费品工业发展，一是将生命健康产业列为五大优势产业之一，聚力突破性发展，打造万亿级产业集群，大力发展健康食品、营养食品、特色食品；二是将纺织服装、智能家电产业纳入湖北省制造业 9 大新兴特色产业链进行重点扶持，建立链长、链主、链创"三链"融合推进机制，纺织领域建设两大印染、三大化纤基地，补齐印染短板、化纤短腿，编制出台《湖北省纺织服装产业高质量发展三年行动方案（2023—2025 年）》《湖北省智能家电产业高质量发展三年方案行动方案（2023—2025 年）》《湖北省轻工业稳增长工作方案（2023—2024

年)》,将质量提升和品牌建设作为重点内容一体部署落实。

（二）深入实施"三品"战略

连续举办六届"楚天杯"工业设计大赛,在纺织服装、工艺日用品、包装装潢等轻工家居领域展示设计创新成果,营造设计氛围,引导企业开展产品创意创新,丰富品种。加大政策支持力度,将消费品工业企业产品品质提升列入技改升级导向计划,支持企业产线升级、设备更新,融合数字化手段提升质量管理能力。开展消费品工业"三品"战略示范城市评估申报工作,宜昌市、汉川市通过工业和信息化部评审,襄阳市通过示范城市评估。其中,宜昌市特色优势产业为医药制造业,酒、饮料和精制茶制造业和纺织业,汉川市特色优势产业为棉纺纱加工业、机织服装制造业、焙烤食品制造业。组织开展老年用品产品申报,共有29 家企业的 33 个优秀老年用品产品获得推荐参评。

（三）搭建高端平台赋能产业发展

一是打造展会交流平台。以办好展会活动为抓手,借力国家级大平台和专业展会,助力湖北省消费品工业企业塑造品牌。举办世界大健康博览会,打造全球大健康展示和交互平台,推进大健康产业间的跨区域、跨行业深入合作,集群化发展生物医药产业,特色化、专业化发展养生养老、健身康体等新型健康服务业,打造全国领先的生物医药及医疗器械产业集群,建设健康消费全国性中心。连续两年组织湖北省纺织服装企业赴上海参加中国国际服装服饰博览会,举办湖北省纺织服装产业招商大会,承办工业和信息化部食品工业"三品"成果展,高规格举办中国服装大会、中国纺织大会等系列专题展会。二是打造科技创新平台。以科技创新为驱动,提高品牌核心竞争力。针对食品产业链重大需求,重点建设洪山实验室、时珍实验室,作为高端智库和战略科技力量,支撑消费品工业品牌科技创新。洪山实验室以提供健康食品为总目标,以生物种业科技创新为核心,研发绿色生产技术,发掘和提升食品营养价值。时珍实验室,面向生命健康和中医药,聚焦人口老龄化,加快推动重大基础性研究和成果转化,提升湖北省在国家中医药创新中的战略地位。三是建设公共服务平台。围绕支柱产业大力发展检验检测认证服务,确保产品品质。纺织领域在仙桃市、咸宁市分别创建了国家级非织造布质检中心和国家苎麻纺织品质量检验检测中心，在孝感市建设省级造纸和纸制品检验检测中心，升级湖北省食品接触材料产品质量检验中心、湖北省眼镜产品质量检验中心等技术服务机构，为集群企业提供先进、便捷、高效的检测服务保障。

（四）强化消费品工业品牌建设

在企业品牌方面，以劲牌、黄鹤楼、骆驼、人福等为代表的高新技术产业品牌扛起现代产业"湖北造"的大旗；以周黑鸭、良品铺子为代表的新兴食品快消品牌挑动人们的舌尖；以美尔雅、红人、爱帝、猫人为代表的汉派服饰品牌走在潮流前线；以恩施玉露、利川红、英山云雾茶、赤壁青砖茶、襄阳高香茶为代表的湖北茶品牌飘香世界。涌现出品牌价值达 251 亿元的潜江小龙虾、产量世界第三的安琪酵母等新生品牌。湖北省消费品工业企业拥有国家级专精特新"小巨人"企业 100 家，省级专精特新"小巨人"企业近千家。在区域品牌方面，消费品工业特色产业集群数量占全省重点产业集群数近二分之一。纺织服装产业拥有"中国织造名城"襄阳樊城、"中国服装制造名城"孝感汉川、"中国女裤名镇"毛嘴镇等一批家喻户晓的优势块状经济。智能家电以美的、海尔等龙头为引领，近 500 家配套企业协同发展，形成武汉、荆州两大智能家电制造基地。造纸包装行业以绿色环保为主攻方向，形成荆州工业用纸、孝感生活用纸两大产业集群，孝南区被中国轻工联授予"中国卫生用品之都"荣誉称号。家具建材产业积极承接产业转移，强化集聚发展。襄阳老河口承接京津冀产业转移，创办了华中木业家居产业园，是全国第五大板材基地；荆门东宝全力打造"中国绿色家居之都"，有 120 余家产业关联企业在此落户，绿色定制家居全产业链基本形成，连续 4 年被评为重点成长型产业集群。此外，宜昌钢琴、十堰绿松石、孝感麻糖米酒等区域品牌享有盛誉。在老字号品牌方面，截至 2023 年年底，湖北省累计认定"湖北老字号"品牌 94 个，获商务部两个批次（2006年、2010 年）认定的"中华老字号"品牌 26 个。其中，云梦鱼面、羊楼洞砖茶等 15 个食品品牌占了"中华老字号"中的一半以上，马应龙、叶开泰、健民药业等医药品牌榜上有名，此外还有体现武汉历史特色的

老亨达利钟表、汉明喜来登眼镜、红金龙烟草等知名品牌。在今年第三批次的"中华老字号"名单中，来自湖北的汪玉霞食品、石花酿酒、采花茶业、枫林酒业、武汉国漆、精益眼镜等 9 家企业榜上有名，成为湖北省消费品工业品牌的代表。

（五）促进产业集聚发展和精深发展

发挥"三品"战略城市示范引领作用。推动武汉、襄阳、仙桃等示范城市加大品牌建设投入，推进品牌管理，促进品牌建设与企业经营良性互动，打造江汉平原纺织服装名城名镇、汉江走廊优质食品集群。支持区域特色品牌融入荆楚公用形象塑造，参与国际重大交流活动，传递湖北消费品工业区域品牌理念，不断增强全球消费者对品牌的认同。促进中小企业专精特新发展，开展金融助力专精特新企业高质量发展的"早春行"、就业创业"扬帆计划"等活动，支持中小消费品工业企业专注核心业务，做强细分市场，以优质产品培育专精特新高端品牌。

（六）搭建供应链服务平台

深入实施供应链体系建设三年行动计划，推动国控、楚象、华纺链、长江汽车产业和供销系统城乡供应链等省级供应链平台高效运行，以供应链平台服务，重塑产业链、提升价值链，培育新品牌。在纺织服装领域，以民营龙头企业卓尔智联为主体，联合省市区三级国企共同组建湖北华纺供应链公司，打造全省纺织服装行业数字化供应链综合服务平台赋能产业发展。在食品等快消品领域，以日用消费品、粮油、棉花等商品为切入口，引进培育农业产业化龙头企业，打造供销社供应链服务平台，完善从田间地头到市民餐桌的农产品供应链体系。在医药领域，采取国资控股、民营龙头主导运营的方式，组建九州医药供应链公司，助力全省万亿级大健康产业发展。推动供应链平台向"产业大脑"升级，发挥好平台开放共享作用，向更多的消费品细分领域进行服务，推进产业从原材料到终端消费全链条数字化转型。

（七）推动消费品工业与荆楚文化融合发展

大力弘扬荆楚地域生态、自然地理、民族文化等特质，深度挖掘"中华老字号"、非物质文化遗产和工美特色文化精髓，推动荆楚特色地域文化融入湖北消费品工业品牌建设，培育兼容产业特性、现代潮流、乡土特色和民族风情的优质品牌。坚定文化自信，引导企业从优秀荆楚文化中汲取营养，提炼精华，为品牌注入差异化的文化底蕴，点亮品牌特色，走出消费品工业产品同质化竞争困境。贯彻传统工艺美术保护规定的实施，开展第七届湖北省工艺美术大师评审，围绕玉雕、绿松石、汉绣、楚式漆器等湖北优势特色工美产业，以评促育壮大工艺美术大师人才队伍，引领品牌发展。

三、启示与建议

（一）坚持创新驱动，引领产业升级

湖北省在消费品工业领域坚持创新驱动，积极引进和培育高新技术企业，推动传统产业升级改造。通过持续不断的技术创新，不仅提高了产品的质量和附加值，还形成了具有竞争力的产业集群。在全球经济一体化的背景下，只有不断创新，才能在激烈的市场竞争中立于不败之地。

（二）优化产业布局，促进区域协调发展

湖北省在消费品工业布局方面，注重区域协调发展，优化产业布局。通过政策引导和市场机制，推动消费品工业向具有资源优势和产业基础的地区集聚，形成了若干具有特色的产业集群。这种产业布局的优化，不仅提高了资源的利用效率，还促进了区域经济的协调发展。对于其他地区来说，这也是一个值得借鉴的经验。

（三）注重品牌建设，提升市场竞争力

在消费品工业领域，品牌建设是提升市场竞争力的重要手段。湖北省在消费品工业的发展过程中，高度重视品牌建设，通过加强品牌宣传和推广，提高了产品的知名度和美誉度。同时，湖北省还注重培育具有地方特色的品牌，形成了一批具有市场竞争力的知名品牌。这一经验告诉我们，品牌建设是消费品工业发展的重要支撑，只有注重品牌建设，才能在市场中占据有利地位。

（四）深化国际合作，拓展市场空间

在全球经济一体化的背景下，国际合作对于消费品工业的发展具有重要意义。湖北省在消费品工业的发展过程中，积极深化国际合作，拓展市场空间。通过参加国际展览、开展国际贸易等方式，传递湖北省消费品工业区域品牌理念，不断增强全球消费者对品牌的认同，使湖北省消费品工业产品逐渐走向世界，赢得了国际市场的认可。

园 区 篇

第八章

典型模式研究

第一节　典型园区：石家庄高新技术产业开发区

一、园区基本介绍

石家庄高新技术产业开发区在生物医药领域具备深厚的产业积淀，已成为全球范围内关键的抗生素、半合成抗生素以及维生素原料药生产基地之一。该开发区同时也是我国规模最大的软胶囊、中药颗粒剂、基因工程药品的产业化基地，展现出强劲的发展态势和规模效应。石家庄高新技术产业开发的功能区域布局合理，包括研发创新孵化区、创新生物药及 CXO 产业区、医药制剂产业区、高端医疗器械及相关产业区等，为生物医药企业的集聚和发展提供了积极的发展条件。目前，石家庄高新技术产业开发区已成功吸引了 200 多家生物医药企业入驻，业务领域覆盖创新药、抗体药、现代中成药和医疗器械等七大重点细分领域。在 2020 年的国家生物医药产业园区综合竞争力排名中，石家庄高新技术产业开发区位居第七，彰显了其在国内生物医药领域的领先地位。园区内的代表性企业，如华北制药、石药集团等，不仅在传统化学制药领域积淀深厚，更在抗体药物、高端抗生素、基因工程药物、多肽药物的研发与生产，以及药物筛选、微生物发酵、酶工程技术、脂质体技术、液体硬胶囊制剂技术等诸多前沿科技领域掌握了核心竞争力，达到了国际领先水平。这些企业的技术突破和产品创新，不仅是园区科研实力的直接体现，也是推动生物医药产业向更高层次迈进的重要驱动力。

二、典型经验做法

（一）创新引领与产业链整合

石家庄高新技术产业开发区在创新引领与产业链整合方面的实践，展现了其在生物医药产业领域的深度布局与卓越成效。该开发区依托丰富的国家级研究基地与实验室资源，构建了一个以创新为驱动的生态系统。通过资本运作、人才吸纳及研发合作等多元化策略，成功强化了产业链与创新链的互动耦合，显著增强了生物医药产业的创新动能，催化出一个高度协同且竞争力强的产业集群。此集群不仅覆盖了生物药、化学药、中药、高端医疗器械及大健康等多维产业链，还构建了从新药研发至市场服务的全周期医药创新链，其中，华北制药、石药集团等龙头企业的引领作用尤为显著。

（二）产业集聚效应初显

随着产业集聚效应的显现，石家庄高新技术产业开发区生物医药健康产业步入了高端化、集群化发展的快车道，已成为区域最具优势的第一主导产业，聚集了石药集团、华药集团、以岭药业等领军药企，以及爱尔海泰、洹众生物等高新技术企业。2020 年，全区注册生物医药企业总数达到 1816 家，比 2015 年翻一番，主营业务收入在全省和全市的比重分别超过 50%和 70%，成功入选国家发改委战略性新兴产业集群。产业集群的发展推动了高新区公共服务资源的整合，完善了公共资源共享机制。石家庄高新技术产业开发区在片剂、胶囊、粉针、软胶囊、中药注射剂、大输液等制剂产品的生产能力方面在全国范围内居于领先地位，并展现出国内领先的技术和产品开发能力。

（三）政策推动产业良性发展

政策的推动也为产业的良性发展提供了有力支持。2014 年，石家庄市获批国家战略性新兴产业区域集聚发展试点，按照"原料药绿色化、制剂高端化、中药国际化、京津冀一体化"的发展思路，实施了一批重大支撑项目。2016 年发布的《石家庄市健康产业"十三五"发展规划》

进一步加快了大健康产业的发展，致力于建设国内领先的健康产业基地。到 2020 年，石家庄市基本建成了覆盖全生命周期、特色鲜明、结构合理的健康产业体系。2021 年，石家庄市出台的《全力做大做强医药产业行动计划（2021—2023 年）》提出了新的发展目标，包括营业收入突破 1000 亿元人民币、年均增长 15%左右，以及培育 15 家以上全国龙头企业，基本建成全国重要的生物药及化学药制剂创新引领区、知名企业聚集区、总部研发基地、原料药和小品种药集中生产基地，实现由制药大市向制药强市的跨越。这些政策举措为石家庄高新技术产业开发区生物医药产业的持续发展和区域经济的繁荣奠定了坚实的基础。

三、园区龙头企业

（一）石药控股集团有限公司

石药控股集团有限公司，作为一家国家认定的创新型领军企业，专注于创新药物的研发、制造与市场推广，其业务架构覆盖了创新药、品牌仿制药以及原料药三大核心板块，尤其在抗肿瘤、心血管疾病、神经系统等重大疾病领域构建了丰富的产品管线。其中，公司自主研发用于治疗脑卒中的标志性产品"恩必普"，已成为年销售额超 5 亿元人民币的自主创新药物标杆。其他如马来酸左旋氨氯地平（玄宁）及 PI3K 抑制剂等产品，在国内市场占据主导地位，并逐步扩展至国际市场。集团紧跟全球医药科技发展趋势，积极部署生物大分子及小分子新药的研发，目前有超过 60 个在研药物进入临床或申报阶段，7 个提交上市申请，18 个处于注册临床阶段，广泛涉及新靶点大分子生物药及小分子新药等前沿领域，充分体现了集团在新药研发的深厚底蕴及前瞻布局。2023 年，公司营业总收入达 314.5 亿元人民币，较上年增长 1.7%，净利润为 58.7 亿元人民币，同比微降 3.6%；研发支出则大幅增长 21.2%，达到 48.30 亿元人民币，占营业总收入的 15.4%。

（二）以岭药业股份有限公司

以岭药业股份有限公司由中国工程院院士吴以岭创立，是集科研、教育、临床实践、生产与市场推广为一体的大型医药集团，被认定为国家重点高新技术企业。公司坚持"理论-临床-科研-产业-教学"五位一体的运营模式，以中成药为核心，同时涉猎西药和生物药领域，是 2024 年中国医药工业研发百强企业之一。公司已通过 GMP 认证的生产线包括胶囊、片剂、颗粒剂、针剂等，并拥有符合欧盟标准的化学药制剂车间，生产实力雄厚。基于络病理论，公司自主研发了连花清瘟胶囊、八子补肾胶囊、枣椹安神口服液等一系列拥有自主知识产权的专利产品。2023 年，公司营业总收入突破百亿元人民币，研发投资约为 9.35 亿元人民币，占营业总收入的 9%以上，强调了以创新驱动发展的企业战略。当前，以岭药业已有 4 个专利中药上市，覆盖心脑血管疾病、呼吸系统疾病、肿瘤等重要领域，10 个产品列入国家医保目录，5 个产品进入国家基本药物目录，形成了独具特色的产品矩阵。

（三）华北制药股份有限公司

华北制药股份有限公司作为中国医药行业的老字号与领军企业，见证了中国医药工业的发展历程。作为中国"一五"计划的重点项目，华北制药股份有限公司是中国最早的抗生素生产基地，"华北牌"抗生素产品在市场上享有极高声誉。历经半个多世纪，公司已转变为集研发、制造、销售为一体的大型现代化制药集团，产品线涵盖抗生素、生物技术药物、维生素及营养保健品、化学合成药物等多元领域。近年来，公司在保持抗生素领域优势的同时，积极向生物制药、现代中药及高端制剂等高技术领域扩张。公司加大在生物类似药、创新生物药、新型疫苗等领域的研发投入，布局单克隆抗体、细胞因子、重组蛋白等前沿生物技术产品，以满足市场对高质量、高效药物的需求。公司拥有 3 个国家级研发平台、1 个国家企业技术中心、12 个省级创新平台、2 个省级企业技术中心及 2 个院士合作重点单位。2023 年，公司获得河北省科技进步奖项 1 项，提交专利申请 42 件，其中发明专利 36 件，获得授权专利 28 件，包括发明专利 12 件。同年，公司实现营业收入 101.20 亿元人民币，研发投入达到 11.73 亿元人民币，同比增长 92.51%。

第二节　典型园区：合肥高新技术产业开发区

一、园区基本介绍

合肥高新技术产业开发区是经国务院批准于 1991 年设立的首批国家级高新技术产业开发区。合肥高新技术产业开发区不仅是合肥综合性国家科学中心的核心区，还承担着国家自主创新示范区、国家双创示范基地等重要角色。合肥高新技术产业开发区以生物医药、人工智能、集成电路、量子信息等未来技术产业为主导，展现出强劲的创新动力和发展潜力。园区生物医药产业主要聚焦于科研实验、中试生产到创新服务、市场孵化等占据价值链高端位置的产业环节，重点吸引精准医疗、数字化医药研发、检验检测、高端医疗器械及生物医药研发等大健康产业中污染少、示范效应强的研制开发企业入驻。合肥高新技术产业开发区已成为较成熟的生物医药产业基地，其中包括以安科生物、龙科马、同路生物、兆科药业等为代表的企业集群，以及合肥天麦、尼普洛等企业所在的经开区生物医药产业基地。这些企业在疫苗、抗体药物、基因工程药物、细胞治疗等领域具有显著的科研与生产能力，构成了合肥医药产业的核心竞争力。

二、典型经验做法

（一）创新平台打造发展效力

合肥市在生物医药产业的源头创新领域不断深耕，已建成涵盖 69 个国家级与省级创新平台的坚实体系，其中涵括 12 个国家级中心和 57 个省级实验室，标志着生物医药基础研究与成果转化机制已初具规模。合肥高新技术产业开发区作为创新的核心驱动力，集中国科学技术大学高新校区、中国科学技术大学先进技术研究院等高等学府与重要协同创新平台于一体，如类脑智能技术及应用国家工程实验室等国家级科技基础设施和新型研发机构的布局，充分展示了其在原始创新方面的雄厚实力。实施的"三名"战略成功引入了中国科学院重庆绿色智能技术研究院、合肥市武汉大学创新技术研究院等顶级研究机构，以及百度集团、阿里巴巴集团、腾讯公司、寒武纪公司等领先企业的研发中心。目前，该开发区内国家高新技术企业总数已超 3000 家，拥有 200 多个省级及以上技术研究中心，万人有效发明专利拥有量达到 598 件，稳居全国高新区前列。2020 年 8 月 21 日，习近平总书记在安徽创新馆考察期间，合肥高新技术产业开发区的卓越表现得以展现，248 家企业参展，展示了 971 项科技成果，凸显了其在科技创新领域的杰出贡献和领导地位。

（二）产业生态打造发展动力

合肥市致力于构建完善的生物医药产业生态体系，以促进企业蓬勃发展。政府主导构建的产业生态模式包括产业基金、公共服务、审批服务、应用场景、特定载体及临床需求等多维度支持。通过与国家药品监督管理局药械长三角分中心、上海市医疗器械检验研究院等机构建立沟通机制，获批 2 个省级医药创新柔性服务工作站，为医药企业提供定制化的业务咨询和注册审批预审服务。此外，合肥市通过科学规划化工业园区，为医药企业提供了化学药、原料药及中间体生产的空间。在政策层面，合肥市制定了生物医药产业"十四五"发展规划、高质量发展政策及其细则，发布产业发展方案、年度工作重点及多项支持政策，涵盖资金、土地、人才等多个方面。通过政府主导的对接会等形式，有效地解决了企业在市场推广、落地实施、产品检测、供应链配套等方面的难题。

（三）区位优势打造发展活力

合肥市拥有得天独厚的地理位置，位于长三角经济区腹心地带，作为国家创新型试点城市，同时位于"一带一路"和长江经济带战略的双节点，是 G60 科创走廊的关键城市，具有承接东部沿海地区生物医药产业转移的独特地理优势。合肥高新技术产业开发区生物医药产业展现出明显的集聚效应，产业规模持续扩大，生物技术药、医疗器械、化学药等领域取得显著进步，形成了涵盖原料药、研发、服务、医疗检测等环节的完整产业链。2022 年 6 月，合肥高新技术产业开发区启动健康医疗产业园，集中落地 30 个重点项目，总投资达 175 亿元人民币。至2023 年年底，园区内生物医药企业数量攀升至 697 家，其中包括 10 家上市企业、124 家高新技术企业，累计获得 6507 项发明专利授权。在

此基础上,合肥高新技术产业开发区培育出了安科生物、欧普康视科技、合肥中科离子医学装备等近 700 家生物医药企业,进一步证实了其在生物医药领域的发展活力和潜力。

三、园区龙头企业

(一)安徽安科生物工程(集团)股份有限公司

安徽安科生物工程(集团)股份有限公司(以下简称"安科生物")自 1993 年成立以来,已成为中国生物制药行业的领军企业之一。该企业不仅是国家重点高新技术企业,还是"863"计划科技成果转换的重要基地,配备有省级技术中心及博士后科研工作站,这体现了公司在生物科技领域的深厚底蕴和创新实力。安科生物专注于生物医药领域的研发、生产和销售,以基因工程药物为核心,产品线涵盖了重组人生长激素、干扰素等多种生物制品。同时,公司在抗体药物、细胞治疗、基因检测等领域也进行了深度布局。安科生物致力于通过生物技术创新,推动中国生物医药产业的进步,并为患者提供更加安全有效的治疗方案。2023 年,公司实现营业总收入 28.66 亿元,同比增长 22.94%,研发投入金额 2.58 亿元人民币,同比增长 31.09%;研发投入占营业总收入的 8.99%,这一数据凸显了公司对科研创新的持续投入和重视。

(二)欧普康视科技股份有限公司

欧普康视科技股份有限公司是一家集科研、制造、销售于一身的高新技术企业,专注于眼健康与近视防控领域。公司业务架构围绕眼视光产品与服务两大支柱展开,尤以旗下"DreamVision"和"梦戴维"两个品牌拥有的硬性透氧性角膜接触镜为主打产品,这两款产品在国内市场上占据约 30.8% 的市场份额。公司不仅拥有先进的生产技术和完善的质量管理体系,还获得了多项国内外专利和权威认证,确保了产品的安全性和有效性。公司利用自身在眼视光技术方面的优势,不断推进角膜塑形镜设计的创新,以适应不同年龄层次的需求,如青少年近视控制型和成人舒适型产品。同时,公司在智能可穿戴设备、远程眼科医疗服务等新领域积极探索，旨在建立一个全面的眼健康管理体系。2023 年，公司营业总收入达 17.37 亿元人民币，同比增长 13.89%，研发经费投入 4029.70 万元人民币，同比增长 19.83%，体现了公司不断拓宽产品线，深化眼科医疗器械、消毒护理产品、光学仪器等细分市场的决心与行动。

（三）合肥美亚光电技术股份有限公司

合肥美亚光电技术股份有限公司是国家认定的重点高新技术企业，专注于光电智能识别装备的研发与制造，是国际上少数几家大型色选机供应商之一。公司在数字化智能色选机、高端医疗装备、X 射线检测系统等领域的创新与应用，确立了其在行业中的领先地位。公司持续扩大产品矩阵，深入挖掘高端医疗设备领域，如口腔 CBCT（锥形束计算机断层扫描仪）、口内扫描仪，以及 X 射线检测系统，服务于食品安全、工业检测和医疗卫生等多个领域。这些产品布局反映了公司向高科技、多元化方向发展的战略，旨在满足市场对高质量、智能化产品的需求。2023 年，公司实现营业总收入 24.25 亿元人民币，同比增长 14.55%，研发投入达到 2497.07 万元人民币，在图像处理算法、机器视觉、智能识别方面取得了显著的技术进步，有效提升了设备的识别精确度与处理效率。此外，公司还在积极探索人工智能、物联网等先进技术与光电识别技术的融合路径，旨在进一步提升产品智能化水平，引领行业未来发展方向。

第三节　典型园区：深圳高新技术产业园区

一、园区基本介绍

深圳高新技术产业园区始建于 1996 年 9 月，规划面积 11.5 平方千米，是国家建设"世界一流高科技园区"的六家试点产业园区之一，是"国家知识产权试点园区"和"国家高新技术产业标准化示范园区"。深圳高新技术产业园区瞄准科技前沿，不断提升科技企业聚集度和产业竞争力，构建战略性新兴产业和未来产业发展生态圈，打造了新一代电子信息万亿级产业集群，高端制造装备、生物医药与健康等千百亿级产业

集群。深圳高新技术产业园区着力培育壮大高新技术企业,涌现了华为、中兴、迈瑞、大疆等一大批具有国际竞争力和影响力的创新型企业,形成了"头部企业"全面领跑、新锐企业多点开花、中小企业如雨后春笋的蓬勃发展局面。数据显示,深圳高新技术产业园区拥有国家高新技术企业超过 5400 家,约占全市的 1/4。目前,深圳高新技术产业园区已成为引领深圳科技创新的核心引擎,发展成为国内重要的高新技术产业带。2022 年 1—11 月,深圳高新技术产业园区累计实现工业总产值 16232.73 亿元人民币,同比增长 11.08%;营业总收入 22581.98 亿元人民币,同比增长 3.93%;出口总额 4486.33 亿元人民币,同比增长 25.69%;净利润 2110.65 亿元人民币,同比增长 3.94%。

二、典型经验做法

(一)"五位一体"创新管理体系的探索与实践

2019 年 4 月,深圳高新技术产业园区经历重大扩容,总面积扩展至 159.48 平方千米,形成了"一区两核多园"的崭新发展格局,标志着深圳市在推动科技创新区域布局上的重要战略升级。其中,"一区"代表深圳国家高新区总体框架,"两核"特指南山园区与坪山园区,而"多园"则由南山、坪山、龙岗、宝安、龙华等多个特色园区共同构成,形成动能强劲的科技创新矩阵。深圳高新技术产业园区在"多规合一"理念指导下,各园区编制了综合发展规划,强化基础设施建设,致力于完善涵盖"基础研究+技术攻关+成果产业化+科技金融+人才支撑"全链条的创新生态系统,通过这一系统的策略,高效整合国际高端创新资源,聚焦自主创新与核心技术突破,加速科技成果转化,提高科技企业密集度与产业竞争力,进而构建起以战略性新兴产业和未来产业为核心的生态发展圈,并成功打造了以新一代通信技术、互联网科技、智能制造、人工智能、生物医药等为代表的创新型产业集群,实现了发展能级的持续提升。

(二)基于区位优势的多维度资源聚合与人才高地构建

深圳高新技术产业园区坐落于粤港澳大湾区的心脏地带,其独特的地理位置赋予其不可复制的地域优势。首先，人才聚集效应显著，从最初仅有少量技术人员到如今拥有超过 200 万的科技大军，深圳市通过国家超级计算深圳中心、深圳国家基因库等重大科研基础设施的建设，吸引了粤港澳大湾区乃至全球的科技人才。其次，鹏城实验室、深圳湾实验室等广东省实验室的稳健推进，加之新设立的 12 家基础研究机构、46 家省级新型研发机构、11 家诺贝尔奖实验室，以及超过 2260 家各级各类创新载体的建立，形成了多层次、广覆盖的创新网络。目前，深圳市科技工作者群体已超过 200 万人，高层次人才储备突破 1.6 万人，留学归国人员超 14 万人，全职在岗的院士队伍也在持续壮大。最后，深圳市依托香港特别行政区国际金融中心的背景，加速成长为金融科技领域的全球重要节点，通过"深圳商行+香港投行""贷款+外部直投"等创新模式，提供新型的"股权+债权"融资方案，强化金融对科技创新的支撑，实现了科技与资本的深度融合。

（三）灵活政策支持和资本投资模式先行先试

深圳市在推动高新技术产业园区发展的过程中，展现出灵活的政策设计与资本运作模式。通过设立高新技术产业园区发展专项计划，市级财政资金起到了引导作用，联动区级财政、企业资金及社会资本，共同投入到高新技术产业园区的建设之中，主要用于优化创业创新环境，支撑"20+8"战略性新兴产业和未来产业的培育，打造具有国际竞争力的产业集群。此外，深圳市政府在风险投资机制上大胆尝试，助力高新技术企业通过资本市场融资，特别设立了规模达 50 亿元人民币的生物医药产业基金，专注于生物医药、细胞和基因等前沿领域，为产业高质量发展注入了强大动力。深圳市还在知识产权证券化方面进行了有益探索，建立健全知识产权价值评估、企业融资增信及质押融资等机制，拓宽融资渠道，加速科技成果的商品化。深圳高新技术产业园区还专门设立了专项资金，用于打造科技资源支撑型特色载体，推动中小企业创新创业升级，累积资助金额超千万元人民币，为深圳市持续发挥创新优势，推动生物医药产业向更高层次发展，成为全球知名的研发中心和产业集聚高地奠定了坚实的基础。

三、园区龙头企业

（一）迈瑞医疗国际股份有限公司

迈瑞医疗国际股份有限公司（以下简称"迈瑞医疗"）是中国医疗器械行业的领航者，自 1991 年创设以来，始终专注于医疗设备的科学研究、制造、市场推广与服务体系的完善。公司总部坐落于深圳市，凭借其全面而先进的产品矩阵，横跨生命信息与支持、体外诊断、医学影像三大关键领域，迈瑞医疗已经成为国内收入体量最大、产品线覆盖最广的医疗器械上市公司之一，同时也是全球医疗健康解决方案的领先提供商。迈瑞医疗的产品布局紧跟全球医疗技术发展趋势，持续优化升级。在生命信息与支持领域，提供包含监护仪、呼吸机、麻醉机等在内的核心医疗设备；在体外诊断领域，则覆盖了血液分析仪、生化分析仪、免疫分析系统等诸多先进设备；在医学影像领域，囊括超声诊断系统、数字 X 射线成像系统等尖端技术产品。2023 年，迈瑞医疗实现营业总收入 349.32 亿元人民币，同比增长 15.04%。迈瑞医疗持续加大研发投入，促进技术创新与转化。2023 年，研发投入 37.79 亿元人民币，同比增长 18.43%，占营业总收入的 10.82%。迈瑞医疗关注人工智能、大数据、云计算等前沿技术在医疗设备中的集成应用，旨在通过科技进步，为临床实践提供更高效、便捷的医疗解决方案，进一步提升医疗服务质量与效率。

（二）健康元药业集团股份有限公司

健康元药业集团股份有限公司（以下简称"健康元药业"）的前身是 1992 年创立的太太药业股份有限公司，遵循"健康为本，科技为源"的核心经营理念，致力于提供高品质医药产品与服务，以期改善公众健康状况。健康元药业在生物医药制造领域业务范围广泛，涵盖化学药、中药、保健品等多个领域，尤其在呼吸系统用药、消化系统用药、心脑血管用药等方面拥有显著优势。健康元药业在不断优化现有产品结构的同时，积极布局新药研发和产品管线，例如，注射用艾普拉唑钠新适应症、注射用醋酸曲普瑞林微球前列腺癌适应症的成功上市，以及重组新型冠状病毒融合蛋白二价疫苗获得紧急使用授权等。健康元药业积极响应国家乡村振兴战略，启动了"健康元慢病药物援助服务乡村振兴，助力共同富裕"项目，通过提供慢病药物援助，有力支持了农村地区的医疗健康服务提升，展现了企业的社会责任与公益形象。2023 年，健康元药业营业总收入约为 166.46 亿元人民币，其中境外市场贡献了 25.84 亿元人民币，约占主营业务收入的 15.52%。健康元药业不仅稳固了原料药出口的传统优势，还加速推进了重点制剂产品的国际化布局，2023 年，在海外市场新增 4 个制剂产品注册，新提交了 14 个产品的注册申请，进一步拓宽了国际市场版图。

（三）康泰生物制品股份有限公司

康泰生物制品股份有限公司（以下简称"康泰生物"）基于 1992 年 4 月经原卫生部与深圳市政府批准实施的重组（酵母）乙型肝炎疫苗引进与国产化项目而成立。康泰生物坚持"以人为本，追求卓越"的企业理念，不断推动疫苗技术革新与产品质量提升，经过三十载的稳健发展，已成长为集生物制品研发、生产、销售为一体的综合性企业，专注于预防性疫苗的创新研发。康泰生物产品线丰富，涵盖了乙肝疫苗、百白破疫苗、麻疹疫苗等多种预防性疫苗，对于控制和预防传染病发挥了举足轻重的作用。近年来，康泰生物积极拓宽产品范围，加大对新型疫苗的研发投入，紧跟全球疫苗技术发展趋势，涉及肺炎疫苗、人乳头瘤病毒（HPV）疫苗、新型冠状病毒疫苗等前沿领域。2023 年，康泰生物营业总收入达 34.8 亿元人民币，同比增长 10.14%。作为在人用疫苗领域有着超过 30 年积淀的企业，康泰生物拥有 80 余项专利，目前已有 11 种产品获准上市或紧急使用，近 30 项在研品种，几乎触及全球所有重要疫苗种类。康泰生物始终重视研发创新，2023 年，研发投入占营业总收入的比例稳定在约 16% 的高水平，这为巩固技术领先地位、孕育新的生产力提供了持续动力，进一步奠定了康泰生物在全球疫苗行业的竞争优势与领导地位。

第四节　典型园区：长春高新技术产业开发区

一、园区基本介绍

长春高新技术产业开发区是国家首批认定的高新技术产业园区之一，是吉林省乃至东北地区生物医药产业发展的核心引擎和创新高地。园区内汇聚了众多生物医药领域的领头羊企业，涵盖生物制药、基因工程、医疗器械、医药研发外包服务（CRO/CMO）等多个细分行业。2023 年，长春高新技术产业开发区实现规模以上工业产值 846 亿元人民币，同比增长8.7%；高新技术企业达 608 家、专精特新企业达 296 家；生物医药企业达到 400 余家，产值超过 200 亿元人民币，是亚洲最大的疫苗生产基地和全国最大的基因药物生产基地；高端服务业集聚发展规模壮大。园区内的公共技术服务平台、专业孵化器和研发机构为企业的技术创新和产品转化提供了强大的体系支撑，加速了科技成果的商业化进程。历经数十年的发展，长春高新技术产业开发区已成为国内生物医药产业的一张名片，不仅在新药研发、生物制品制造等方面取得了显著成绩，还在高端医疗器械、精准医疗等新兴领域不断突破，为我国生物医药产业的高质量发展贡献"长春力量"。

二、典型经验做法

（一）开发区运行体制改革先行先试

长春高新技术产业开发区在 2020 年积极响应国家关于体制机制改革的试点号召，旨在通过提升内在活力与增长动力，强化其在长春现代化都市圈构建及高质量发展"四大板块"中的引领示范和辐射作用，加速资源汇集与竞争优势的放大效应。基于"政府引导、企业主导、市场推动"的核心原则，园区开创性地实施了"管委会+公司+园区"的新型运行模式。首先，通过"大部制"改革，将原 14 个部门整合为 7 个综合性管理部门，形成"大经济""大商务""大建设"和"大管理"的高效行政架构。其次，推动"公司化"开发策略，将原本属于管委会的市场导向型开发、建设与运营职能分离，转移至新发集团和高新股份公司，以提高灵活性和效率。同时，园区内设立了专注于医药、信息技术、汽车零部件、现代服务业的四大产业发展服务中心，以进一步优化企业服务、集约资源、强化产业优势。该"管委会+公司+园区"模式有效解决了过往管理碎片化、龙头效应不足及市场响应缓慢的问题，通过创新的开发、建设、管理和服务体系，极大激活了园区的创新潜能。此模式促使管委会集中精力于核心管理职责，非核心业务则交由市场和企业承担，从而实现了效能最大化，确保政策实施的精准性和有效性，为区域经济结构的转型和可持续发展增添了新动力。

（二）以科技创新驱动发展动力

长春高新技术产业开发区持续坚持科技引领，深化创新驱动发展战略，不断培育经济发展新动能。其中，加速建设环吉林大学创新创业生态圈，出台了支持科学家科创基地建设的相关政策，吉林大学未来科学国际合作联合实验室、吉林诺贝尔科学家科创园等创新平台逐一落地。同时，新增圣博玛、西诺生物两家吉林省院士工作站，捷翼汽车获评为国家企业技术中心，长春生物制品研究所被认定为国家技术创新示范企业，博立电子、启璞科技、圣金诺生物等被新认证为吉林省新型研发机构。园区高新技术企业数量达到 608 家，占全市企业总量的 21%，专精特新企业达 296 家，占全市的 20.4%。百克生物的带状疱疹疫苗打破了国外技术垄断，长春生物制品研究所的流感病毒裂解疫苗通过了世界卫生组织预认证。汽车电子产业园荣获"全国工商联民营企业科技创新园区"称号，长春高新股份登上"中国医药创新企业 100 强"榜单，园区生物医药产业综合竞争力排名上升两位，位居全国第 14 位。长春高新技术产业开发区成功入选中国生物产业发展指数（CBIB）20 大重点高新技术产业开发区，成为东北地区唯一获此殊荣的高新技术产业开发区。此外，长春高新技术产业开发区生物药品制品制造创新型产业集群被批准为国家级创新型产业集群，进一步强化了创新驱动的力量。

（三）营商环境与生活品质的双重提升

长春高新技术产业开发区在优化营商环境方面，围绕生产、生态、生活的"三生融合"，全面加强服务，提升民生福祉。首先，在优化生产环境方面,深入开展万人驻企活动,园区领导班子亲自走访百家企业,解决了大量影响企业发展的实际问题。其次,改善生态环境,全面推行河湖长制、林长制,打造马拉松赛事的高新技术产业开发区特色赛道,展现长春城市形象与新区风貌。再次,提升居住环境,完成了北辰学校续建和慧谷、慧仁、正德学校的扩建,双德、硅谷社区卫生服务中心投入运营,服务人口超 7 万人;促进万人成功就业,荣获"2023 中国年度最佳促进就业国家高新区"称号,泰拾乐街中岛广场荣登长春市"十大城市广场"榜单,中巴风情小镇获评长春市文旅特色消费示范街区,栖乐荟获评国家级夜间文化旅游消费集聚区,生活消费品质显著提升,全方位提升了区域吸引力和居民幸福感。

三、园区龙头企业

(一)长春高新技术产业(集团)股份有限公司

长春高新技术产业(集团)股份有限公司(以下简称"长春高新")的前身为长春高新技术产业发展总公司的核心实体,是吉林省生物医药行业内的领头羊,专注于生物医药与健康产业的投资与管理领域。长春高新凭借其在基因工程药物、生物疫苗、现代中药等前沿领域的深入布局,成为推动地区乃至全国生物医药产业发展的关键力量。长春高新的业务领域广泛,覆盖生物制药、疫苗研发、中成药、医疗服务等多个维度,旗下有金赛药业、百克生物等多家高新技术子公司,形成了强大的企业集群。在生物制品领域,子公司金赛药业专注于生长激素、干扰素等生物类似药和创新药的开发,以应对市场需求,其作为我国"十一五"新药创制重大专项中唯一的基因工程新药孵化基地,及中国首个基因工程药物质量管理示范中心,更是在全球范围内独家拥有 PEG 化长效生长激素的基因工程制药企业,曾荣获国家科学技术进步二等奖,成为儿童和女性健康领域内享誉全球的生物制药企业。在疫苗业务领域,子公司百克生物致力于人用疫苗产品的研发、生产与销售,是吉林省科技厅等权威部门联合认证的"高新技术企业",以及"长春国家生物产业基地疫苗工程研究中心"。2018 年,长春高新荣获"中国医药十大影响力品牌",彰显其行业影响力。长春高新研发生产的鼻喷流感减毒活疫苗是与世界卫生组织合作的项目,是国内独家纳入世界卫生组织全球流行性流感行动计划的新型疫苗。此外,长春高新拥有 3 种已上市疫苗产品,以及 3 种在研疫苗和 3 个用于传染病防控的全人源单克隆抗体在研项目,其中流感减毒活疫苗(液体制剂)即将申请上市许可;吸附无细胞百白破(三组分)联合疫苗、全人源抗狂犬病单克隆抗体正在进行临床研究;全人源抗破伤风毒素单克隆抗体、冻干狂犬疫苗(人二倍体)已获临床试验批准,正筹备 I 期临床试验。

(二)迪瑞医疗科技股份有限公司

迪瑞医疗科技股份有限公司(以下简称"迪瑞医疗")是华润产业基金控股的高新技术企业,专注于体外诊断(IVD)领域,拥有高品质医疗检验产品的研发、生产、营销与服务全产业链业务。迪瑞医疗是行业内为数不多的仪器和试剂并重发展的企业,现拥有尿液、生化、免疫、妇科分泌物、血细胞、凝血、分子诊断、整体化实验室八大产品线,能够为医学实验室提供全面的产品解决方案与服务,产品已出口至全球 128 个国家。迪瑞医疗坚持自主研发,强化企业核心竞争力,截至 2023 年年底,拥有有效专利 200 项,其中发明专利 132 项、实用新型 46 项,软件著作权 22 项;构建了国际级的医疗检验产品研发平台,其全自动尿液分析系统、尿液干化学质控物、妇科分泌物分析系统等技术达到行业领先水平,参与尿液分析仪、尿液分析质控液行业标准的制定。迪瑞医疗坚持以质量先行促进企业健康发展。相关产品已通过欧盟 CE 认证、美国 FDA 市场准入许可;生化产品全血糖化血红蛋白检测通过 NGSP 认证;建立型式检测实验室和酶学、血细胞参考实验室,并通过 CNAS 认可;国际检验医学溯源联合委员会(JCTLM)利益相关成员;管理体系通过 ISO 9001、ISO 13485 国际质量管理体系及 QC 080000 有害物质过程管理体系认证。随着全球医疗健康需求的不断增长和科技的进步,迪瑞医疗有望继续在体外诊断领域发挥其技术优势,推动业绩增长,为全球医疗健康事业贡献力量。

(三)吉林省长源药业有限公司

吉林省长源药业有限公司(以下简称"长源药业")隶属于江西济

民可信集团，是一家集药品研发、生产于一体的现代化高新技术企业。长源药业拥有胶囊剂、片剂、颗粒剂、丸剂、大容量注射剂 5 个剂型，50 个品种，5 条生产线，形成了以琥珀酰明胶注射液、脑栓康复胶囊、脑肽胶囊、复方脑蛋白水解物片为核心品种的生产管理体系。长源药业与中国中医科学院中药研究所、吉林大学、长春中医药大学等科研单位和国内科学家建立了常年科研合作关系，共同推进药品研发与创新。长源药业先后获得吉林省高新技术企业、长春市科技型小巨人企业、吉林省科技型小巨人企业、省级企业技术中心、长春新区高企 20 强等荣誉称号。长源药业将持续秉持创新发展的理念，加强与科研机构的合作，不断提升药品研发与生产能力，为患者提供更多优质的药品，为医药行业的进步贡献力量。

第五节　典型园区：南京高新技术产业开发区

一、园区基本介绍

南京高新技术产业开发区（以下简称"南京高新区"）成立于 1988 年，并于 1991 年被国务院批准为国家高新区。1997 年，经当时的国家科委批准，南京高新区设立了新港高新技术工业园和江宁高新技术工业园，形成了"一区两园"的建设格局。2017 年 11 月，按照"一区多园"的发展思路，围绕全市"4+4+1"主导产业体系，南京市委市政府出台了《南京市科技园区整合设立工作方案》。该方案将全市分散的 83 个科技园区整合为 15 个高新园区，以优化产业空间布局。为了进一步激发高新区发展的内生动力和活力，结合南京高新区发展的实际情况，近年来南京市委市政府全面深化了高新区的体制机制改革。通过规划 1 个高新区总部和 N 个高新园区，南京高新区构建了"1 区 15 园"的管理体系，由南京高新区管委会统筹 15 个高新园区的发展规划、产业布局和创新资源。南京高新区管委会全力推进园区"去行政化"改革，以市场化方式推动南京高新区的高质量发展，加快释放创新发展动能，不断激发园区的创新活力。

二、典型经验做法

南京高新区采用了一种综合性的园区运营模式，一方面，政府实行"一区多园"的发展策略，通过政府政策调动，将全市分散的科技园区整合为多个高新园区，优化了产业布局，提升了资源配置效率；另一方面，南京高新区积极推动市场化运营模式，减少政府干预，以市场需求为导向，提升园区的运营效率和服务水平。

（一）引入社会资本，成立专业化运营公司，对园区进行一体化打造、运营、管理

南京高新区管委会积极推进园区"去行政化"改革，以市场化方式引导南京高新区的发展。通过减少行政干预，增强企业自主创新能力，南京高新区激发了企业的内生动力和活力。市场化改革还包括引入社会资本，成立专业化运营公司，优化创新创业环境，加速科技成果转化。其一，南京高新区积极引入社会资本，推动园区基础设施建设和产业发展的市场化运营。通过公私合作模式，吸引社会资本参与园区的开发和运营，形成多元化的投资格局。这样不仅减轻了政府的财政压力，还提升了园区的运营效率和服务水平。其二，南京高新区建立了多家专业化的园区运营公司，负责园区的规划、建设、招商、管理和服务。这些公司以市场需求为导向，灵活运用市场化手段，提升园区的整体运营效率。例如，南京高新区的运营公司在招商引资过程中采用精准营销策略，针对不同行业和企业的需求，提供定制化的招商服务。

（二）整合科技资源，促进产业集聚，推动高新技术产业高质量发展

南京高新区在科技资源整合方面做了大量工作，促进了高新技术产业集聚，形成了丰富的创新资源网络，为企业提供了强有力的技术支持和市场对接。一是南京高新区积极整合区域内外的科技资源，与高校、科研院所和企业建立紧密的合作关系，搭建多个创新平台和研发中心。例如，南京高新区与南京大学、东南大学等高校合作，设立了多个联合实验室和技术转移中心。这些平台为企业提供技术支持、市场对接和资金保障，促进科技成果的转化和应用。二是南京高新区注重产业链的整

体布局，形成了以新一代信息技术、生物医药、高端装备制造、新材料等为代表的主导产业集群。通过产业链上下游企业的集聚，形成了完整的产业生态系统，提升了园区的竞争力。例如，在新一代信息技术领域，南京高新区集聚了大批从事芯片设计、软件开发、人工智能等领域的企业，形成了具有国际竞争力的产业集群。

（三）完善创新创业服务体系，持续优化创新生态

南京高新区在创新创业服务体系建设方面投入了大量资源，构建了全方位、多层次的服务体系，支持企业从初创到成长的各个阶段。一是南京高新区大力建设创新载体，如孵化器、加速器和众创空间，为初创企业提供办公空间、设备设施和专业服务。通过这些创新载体，南京高新区为企业提供从创业初期到成长阶段的全方位支持。例如，南京高新区的孵化器为初创企业提供创业导师、融资对接和市场推广等服务，帮助企业快速成长。二是南京高新区推行简政放权，优化审批流程，减少行政审批事项，缩短审批时间。通过"一站式"服务窗口和网上审批系统，提高行政效率，方便企业办理各项业务。此外，南京高新区还设立了"绿色通道"，为重点项目和高层次人才提供快速审批和优先服务。

三、园区龙头企业

（一）先声药业有限公司

先声药业有限公司（以下简称"先声药业"）成立于 1995 年，总部位于江苏省南京市，是一家以创新药物研发、生产和销售为核心业务的制药公司。先声药业致力于研发治疗癌症、脑血管疾病和感染性疾病的新药，并在全球范围内进行业务拓展。先声药业在研发方面的投入显著，2022 年研发投入超过 17 亿元人民币，占营业总收入的 27.3%。先声药业已在上海、南京、北京、波士顿建立了四大研发创新中心，并拥有超过 60 项新药研发管线项目，正在进行 19 种潜在创新药的 22 项注册性临床研究。此外，先声药业与多家国内外创新企业、科研院所、临床中心建立了战略合作伙伴关系。目前在全球有 6 款创新药产品——先诺欣、先必新、艾得辛、恩度、科赛拉、恩维达，涵盖肿瘤、病毒感染、脑神

经等多个领域，具有极强的竞争力。

（二）南京金斯瑞生物科技股份有限公司

南京金斯瑞生物科技股份有限公司（以下简称"金斯瑞"）是一家全球化的生物科技集团公司，2015 年于港交所主板挂牌上市，并在南京建立了研究及生产基地。金斯瑞专注于定制蛋白及抗体服务、生物药CDMO（合同开发及生产）业务、工业合成产品业务，以及综合性全球细胞疗法业务。金斯瑞提供基因合成、克隆、突变、质粒抽提等分子生物学服务，加速药物研发进程的生物药研发服务，以及 CRISPR 基因编辑服务。此外，金斯瑞还提供分子诊断服务，用于解密基因信息，支持精准医疗。子公司传奇生物开发的西达基奥仑赛（CARVYKTI®）是一款针对复发或难治性多发性骨髓瘤的 BCMA 靶向 CAR-T 疗法，已在美国、欧盟和日本等多个国家（地区）获得批准上市，成为首款中国自主研发的 CAR-T 疗法登陆世界市场的产品。

（三）江苏恒瑞医药股份有限公司

江苏恒瑞医药股份有限公司（以下简称"恒瑞医药"）成立于 1970 年，最初名为连云港制药厂，是一家集科研、生产和销售为一体的大型医药上市企业，总部位于江苏省连云港市。恒瑞医药主要从事创新药品的研制和推广，其产品涵盖多个治疗领域，包括肿瘤、自身免疫疾病、代谢疾病、心血管疾病、感染、呼吸系统疾病、血液病、疼痛、中枢神经系统疾病、眼科疾病和核药等。恒瑞医药在肿瘤领域的研发管线尤其丰富，涉及激酶抑制剂、抗体药物偶联物、肿瘤免疫、激素受体调控、DNA 修复及表观遗传学、支持治疗等多个研究领域。截至 2022 年 8 月，恒瑞医药已有 33 款一类新药获批临床，其中包括 11 款创新药，这些创新药覆盖了 VEGF、PD-1、PARP 等多个靶点，并涉及肿瘤、血液、镇痛、麻醉及降糖等多个治疗领域，已形成较为完善的产品布局。其中，抗肿瘤药的营业收入占比超过一半，且毛利率高达 90% 以上。

第六节 典型园区：昆山国家高新技术产业开发区

一、园区基本介绍

昆山国家高新技术产业开发区（以下简称"昆山高新区"）位于江苏省昆山市，成立于 2010 年 9 月，是中国首个设在县级市的国家级高新技术开发区。昆山高新区地处长江三角洲中心地带，紧邻上海，具有便捷的交通和良好的产业基础。昆山高新区积极构建"2+6+X"现代产业布局，即以新一代信息技术和装备制造两大主导产业为核心，同步发展生物医药、新能源、新材料、汽车零部件、智能电网、高端纺织六大新兴产业，并积极探索未来产业（X）。这一产业布局旨在推动产业结构优化升级，提升产业链现代化水平。昆山高新区自成立以来发展迅速，地区生产总值、财政收入等经济指标持续增长。同时，昆山高新区注重科技创新，建立了多个研发机构和科技企业孵化器，吸引了大量科技人才和项目，专利申请和授权数量显著增加。昆山高新区还致力于打造良好的投资环境，提供完善的公共服务和优惠政策，吸引了众多国内外企业入驻。截至目前，园区累计引进内外资项目超过 12000 个，注册资本超过 700 亿元人民币，形成了较为完善的产业链和产业集群。未来，昆山高新区将继续坚持创新驱动发展战略，进一步提升科技创新能力，推动产业升级和转型，力争打造成为国内外知名的高新技术产业集聚区和创新高地。

二、典型经验做法

昆山高新区涵盖了电子信息、生物医药、新能源、先进制造等多个产业领域，其产业具有高度自动化、智能化和绿色化的特征，为当地经济发展和就业创造了良好的条件。具体来说，昆山高新区创造了全市五分之一的 GDP 和五分之一的财政收入，吸引了全市三分之一的工商企业并汇聚了全市三分之一的发明专利。从运营模式来看，昆山高新区是典型的政府主导式运营模式，昆山高新区管委会及昆山市人民政府出资成立了昆山高新集团有限公司，专门负责昆山高新区的开发、建设、运

营和管理。

（一）成立昆山高新集团有限公司承担园区的开发建设、管理、经营工作

昆山高新集团有限公司是一家成立于 2007 年 6 月 28 日的国有独资企业，注册资本为 29.3 亿元人民币，在昆山高新区的开发建设和管理中发挥着重要作用。它负责昆山高新区的开发建设和资本经营，同时也承担着管理和经营授权范围内国有资产的职责。通过控股、参股、购并等形式，公司进行资本经营，并对园区内基础设施建设和重要功能项目建设进行投资和管理。此外，昆山高新集团有限公司还提供园区物业管理服务、咨询服务、展览展示服务、仓储服务和自有房屋租赁服务等。昆山高新集团有限公司还积极参与园区建设和企业引进。例如，在昆山高新区的数字智谷产业园中，昆山高新集团有限公司积极推进产业发展类、科研办公类、配套服务类等总投资近 60 亿元人民币的 9 个重点建设项目。此外，昆山高新集团有限公司还通过老旧工业区改造升级，挖掘存量资源，打造科创企业孵化器，成功引入了多家优质企业。这些举措不仅提升了昆山高新区的整体形象，也为区域经济的增长注入了新的活力。

（二）积极推动生产制造绿色化转型，保障产业可持续发展

昆山高新区注重生态环境保护，推动产业绿色转型，发展循环经济，实现经济发展与环境保护的双赢。昆山高新区通过制定环保政策、提供环保技术支持等方式，引导企业实施绿色生产，减少环境污染。一是昆山高新区积极推进绿色工厂的建设，在节能降耗和清洁生产方面取得了显著成果。例如，富钛金属科技（昆山）有限公司、金海纸制品（昆山）有限公司和苏州桦汉科技有限公司都获得了省级绿色工厂的称号。二是昆山高新区聚焦电子信息和装备制造两大支柱产业，积极引导制造业向高端化、智能化、绿色化方向发展。通过分类施策和多措并举，不断推动构建绿色制造体系。例如，通过梳理全区绿色化基础好、安全环保合规、持续开展绿色技改的企业名录，建立绿色工厂培育库，并逐步帮助企业达到省级绿色工厂、国家级绿色工厂和近零碳工厂标准。三是昆山

高新区积极对接市工信局、中小企业促进中心和第三方服务机构等专业团队，深入企业开展现场辅导，提供技术支持。这包括挖掘企业节能提升潜力，帮助企业解决绿色工厂申报过程中的痛点难点问题，提高项目申报成功率。

（三）完善昆山高新区创新创业服务体系，激发产业创新活力

昆山高新区自成立以来，不断探索服务模式创新，促进了科技创新、产业升级和高质量发展。一是昆山高新区作为全国首批企业创新积分制试点园区，通过科技和金融双重赋能，实现了区域的高质量发展。针对科技型中小企业，提供了更多融资和贷款的途径，以改善科技型企业的融资环境，推进高新技术产业的发展。二是昆山高新区在推进城市更新改造的过程中，将科创与体育文创公园融为一体，打破地理边界，推动产业要素与城市资源的协同发展，促进创新成果的孵化和新兴产业的培育。三是昆山高新区全面实施创新驱动发展战略，注重载体建设、人才招引和创新生态的打造，旨在成为创新驱动发展示范区和高质量发展先行区。

三、园区龙头企业

（一）苏州瑞博生物技术有限公司

苏州瑞博生物技术有限公司（以下简称"瑞博生物"）成立于2007年，是一家专注于小干扰核酸（siRNA）药物研发的创新型生物医药企业。瑞博生物致力于开发针对严重疾病的小核酸药物，以满足临床需求。瑞博生物在小核酸药物研发领域具有领先地位，建立了涵盖多疾病领域的小核酸药物研发管线，包括针对肝纤维化、高脂血症、糖尿病、眼科疾病等的小核酸药物。瑞博生物拥有一支高水平的专业团队，包括经验丰富的科研人员、临床医生和产业专家，与国内外多家知名研究机构建立了紧密的合作关系，共同推动小核酸药物的研发和产业化。瑞博生物还积极与国际先进企业合作，引进国际先进技术和资源，提升自身研发实力，建立了涵盖小核酸药物完整生命周期的全技术链整合的六大核心技术研发平台，包括小核酸设计、合成、修饰、递送、分析测试和生物

活性评价等关键技术。其核心产品有 RBD1016、RBD5044、RBD4059、RBD7022 等核药，在乙肝、血液疾病、神经蜕变等领域有着广泛应用。

（二）苏州泽璟生物制药股份有限公司

苏州泽璟生物制药股份有限公司（以下简称"泽璟制药"）成立于2009 年，是一家专注于肿瘤、出血及血液疾病、肝胆疾病和免疫炎症性疾病等治疗领域的创新驱动型化学及生物新药研发生产企业，2020年以科创板第五套标准上市，成为全国首家采用该标准上市的企业。泽璟制药拥有一支经验丰富的研发团队，并建立了与国际接轨的研发体系，覆盖了从药物发现、临床前研究、临床试验到新药上市申请的完整研发链条。泽璟制药产品管线丰富，包括多个创新药物，其中甲苯磺酸多纳非尼片（泽普生）是一种口服的多靶点抑制剂，用于治疗晚期肝癌，已被纳入国家医保目录，广泛用于晚期肝癌患者的治疗。泽璟制药还积极拓展国际市场，与多家国际知名药企建立了合作关系，致力于为全球患者提供更有效的治疗选择。其核心产品有盐酸埃克替尼片、甲苯磺酸多纳非尼片、JAK 抑制剂、注射用重组人促甲状腺激素等，在肿瘤、免疫疾病、血液疾病等领域有着强大的竞争力。

（三）迈胜医疗设备有限公司

迈胜医疗设备有限公司（以下简称"迈胜医疗"）成立于2020 年，是一家专注于医用质子加速器研发、生产、销售的高科技企业，主要致力于为全球医疗机构提供先进的质子治疗设备，以提高癌症治疗效果，降低治疗副作用。迈胜医疗的质子治疗系统采用了先进的质子加速器技术，能够提供高精度、高效率的癌症治疗。与传统放疗相比，质子治疗具有明显的优势，如精准度高、副作用小、治疗周期短等，这使得质子治疗成为癌症治疗领域的一大突破。迈胜医疗的质子治疗设备已经在全球范围内得到广泛应用，为众多癌症患者提供了先进、有效的治疗手段。迈胜医疗秉承"创新、务实、共赢"的核心价值观，致力于推动质子治疗技术的发展和应用，为人类健康事业做出更大的贡献。

企　业　篇

第九章

重点企业研究

第一节　百隆东方股份有限公司

一、企业概况

百隆东方股份有限公司（以下简称"百隆东方"）是一家在色纺纱领域深耕的股份制企业，其业务涵盖了色纺纱的研发、生产以及销售的全流程。自 2004 年成立以来，百隆东方始终秉持对品牌的深度挖掘和产品创新的执着追求，在产品开发方面关注绿色环保技术的应用，并于 2012 年在上海证券交易所主板上市。经过 20 多年的发展，百隆东方已经成长为全球知名的跨国色纺纱公司，并成功推出了产业内首个自主品牌"BROS"。公司所推出的色纺纱色号丰富多样，已超过 5000 个，几乎覆盖了市场上所有的流行色彩，并累计发布了 73 套流行色卡集。这些色纺纱产品因其卓越的品质和丰富的色彩选择，畅销全球，并与众多国内外知名品牌建立了长期稳定的合作关系。

百隆东方是全球色纺纱行业龙头企业，总部坐落在浙江宁波，总资产达 111.05 亿元人民币。百隆东方面向全球采购棉花及其他各类纤维，多渠道地保证生产原材料的稳定供应，并在越南和我国的浙江、山东、河北、江苏等地设有生产子公司，均配备经验丰富的生产团队及精良的染色、纺纱设备，公司 2022 年纱线产量达 19.11 万吨，产能约 157 万纱锭。根据棉纺行业协会数据显示，百隆东方在 2022 年色纺纱企业营业收入排名中位列首位。

二、发展战略

（一）"一根纱精品战略"打造色纺纱行业自主品牌

百隆东方秉持"独特创新、至诚合作"的企业精神，专注于产品的创新与品牌的深度开发。其实际控制人杨卫新自 1989 年起从事色纺纱生产经营，经过多年的积累和发展，使百隆东方在产业链的中游及下游实现了技术与市场的双重革新。百隆东方专注于色纺纱生产技术的提升，通过创新的产品策略，与下游客户建立了稳定的合作关系，为他们提供高品质的色纺纱产品和全方位的配套服务。

遵循"一根纱精品战略"，百隆东方精心打造了自主品牌"BROS"，生产高端色纺纱。该品牌在 2012 年被认定为浙江省著名商号，2013 年获得中国驰名商标认定，并在 2015 年获得"最佳生态环保技术应用奖"以及"可持续纺织产品开发-卓越能效奖"。经中国品牌建设促进会、中国资产评估协会、中国中央电视台、中国国际贸易促进委员会、中国纺织工业联合会联合评估，2015 年 BROS 品牌价值达到 33.96 亿元人民币。百隆东方致力于"优质生态环保纺织品"的研发与创新，并与美国陶氏化学建立了长期研发合作关系，开发了色纺纱 EcoFRESH Yarn® 系列环保产品，在便捷环保方面处于行业领先地位。

（二）"走出去"战略布局越南实现产能升级

百隆东方实施"走出去"海外拓展计划，自 2013 年开始在越南布局，致力于提升产能、完善配套生产环节，迄今为止已在越南建成 A、B、C 区三大制造工厂。百隆东方明确树立"转型升级并举，质量服务并重"的战略思想，不仅在越南成功投资建设大型现代化生产基地并顺利投产，更是通过一系列精细管理以及技术升级措施，不断提升生产效率和环保水平。海外布局使得百隆东方在产业链整合和国际化进程中取得了显著成果。截至 2021 年，越南子公司的产能已达 110 万纱锭，2021 年的营业收入达 42.83 亿元人民币，较上年同期增长 16.42%。

百隆东方作为率先在越南布局的企业，在产能提升和品牌建设方面具备明显的竞争优势。首先，公司充分利用越南在成本、税收和棉花配额等方面的原材料成本优势，规避潜在的贸易风险，还使越南子公司能享受到越南本土的税收优惠。其次，越南子公司的地理位置极为优越，位于胡志明市周边，这一地区经济活跃、工业配套设施完善。同时，百隆东方早期便与成衣行业的龙头企业申洲国际在越南毗邻建厂，形成了紧密的合作关系。国内纺织领先企业也陆续在越南扩产，形成了产业聚集的规模效应，有助于打通产业链的中下游，实现资源共享。最后，越南工厂主要对接海外订单，有助于企业缩短产品交货周期，为客户提供更加优质、高效的服务。

（三）高效的供应链管理和营销推广

百隆东方多年来重视客户服务，以快速的交货周期和与客户共同研发新品的策略，成功积累了大量优质客户资源。据统计，品牌客户总数已超过千家，涵盖了全球知名的奢侈品牌、快时尚品牌以及运动服饰品牌。公司终端客户包括李宁、安踏、特步、361°等国内品牌，以及耐克、彪马、阿迪达斯、H&M等国际品牌。公司前五大客户的销售额占总收入比重逐年上升，从2016年的24.8%增长到2021年的40.8%，长期订单保持稳定。在品牌推广方面，百隆东方采用国内品牌直营与国外直营代理相结合的销售模式。百隆东方在上海、深圳、青岛、香港等重点区域设立销售部门，同时在深圳和香港专设品牌推广部，有针对性地搜集海内外市场需求信息并制定品牌推广策略，确保品牌信息能够迅速有效地传达给目标客户，进一步提升百隆东方的市场地位。

三、启示与借鉴

（一）加快国内外资源统筹布局

我国纺织企业可以凭借在东南亚布局的先发优势，积极利用内需优势和产能优势对接国际市场。纺织企业可将劳动密集型生产加工环节逐步迁移至东南亚地区，充分利用劳动力成本优势以及当地政府的投资政策优惠，优化资源分配布局，进一步扩大制衣产能。一方面，通过与国内高附加值加工环节的紧密合作，形成产业链协同的合力，提升整体竞争力；另一方面，与东南亚纺织制衣工厂形成产业聚集，发挥规模效应。

全球化产能布局的策略使我国纺织企业在国际贸易保护的趋势下依然能够逐步提升产品的市场占有率，保持其在全球纺织行业中的领先地位。

（二）注重创新研发提升产品价值

纺织企业作为传统制造业，需要与先进技术企业建立并维持紧密的研发合作关系，开发功能性差异化产品，从而增强产品竞争力和提升品牌价值。一方面，纺织企业应积极响应国家技术和环保政策导向，加快开发生物基纤维、碳纤维等高新技术纤维的应用，致力于开发绿色、科技、时尚的差异化产品；另一方面，持续推进加工制造全过程技术设备升级，通过数字赋能、管理创新推动纺织制造企业向高端化、智能化、绿色化方向转型，为纺织企业的可持续发展注入新动能。

（三）应对市场需求提高供应链管理效率

充分把握国内外市场趋势及客户需求，持续优化供应链管理效率是企业保持产品市场占有率的关键。一方面，纺织企业需要积极开拓海外市场，特别是东南亚和欧美这两大具有巨大潜力的消费市场，与国际品牌商建立长期生产合作关系；另一方面，纺织企业也要加强国内市场的供应，有针对性地搜集市场需求信息并制定差异化产品营销推广策略，以实现海内外布局的均衡健康发展。此外，还需要建立风险管理机制，把握国内外行业发展趋势，保障供应链的稳定运行。

第二节　北京石头世纪科技股份有限公司

一、企业概况

北京石头世纪科技股份有限公司（以下简称"石头科技"），自 2014 年在北京成立以来，专注于智能清洁机器人及其他智能电器的研发与生产。石头科技成立之初是小米生态链企业之一，先后获得小米、GIC、高榕资本、启明创投等机构的投资。在小米生态链的强大助力下，石头科技仅用 7 年时间就实现了快速增长，于 2020 年 2 月成功在上海证券交易所科创板上市。2023 年,石头科技实现营业收入 86.54 亿元人民币。

石头科技在智能扫地机器人的技术研发方面处于行业领先地位,率先将激光雷达技术、精密光学视觉导航避障及相关算法进行了大规模应用。石头科技致力于通过科技创新,为消费者带来更为便捷、高效的地面清洁体验。目前石头科技已成长为一家全球性企业,其产品已覆盖全球 170 多个国家和地区。根据欧睿数据显示,2023 年前三季度,石头科技扫地机器人的销售额登顶全球第一。

二、发展战略

(一)依托大企业平台迅速积累资源

石头科技专攻扫地机器人领域,迅速成为小米生态链中扫地机器人业务的核心引领者。依托小米生态链的强大平台,公司迅速实现了飞跃式发展。在早期阶段,石头科技充分利用平台资源,迅速完成了商业化布局,实现了业务规模的快速增长。2016 年,石头科技为小米代工的米家扫地机器人热销,推动了我国扫地机器人行业快速增长。随着扫地机器人行业的不断演进和市场竞争的加剧,小米生态链的商业模式和运营逻辑逐渐与行业发展特点产生差异,这在一定程度上限制了石头科技的发展。为了摆脱这一困境,石头科技决定突破平台桎梏,通过分步发展的策略逐步实现了独立重构。2017 年推出自主品牌"石头智能扫地机器人",逐步开启品牌独立化之路,减少对小米的依赖。随着激光、算法技术的进步,扫地机器人开始向"路径规划式"转变,公司选择了效果优但成本较高的"LDS(激光雷达测距)+SLAM 算法(即时定位与地图构建)+AI"的人工智能路线规划技术。如今,石头科技已经成功转型为一家具有完全独立自主运作能力的企业,凭借自身的研发实力和市场洞察力,持续推动扫地机器人的技术更新和品牌建设。

(二)专注 AI 研发,引领扫地机器人行业技术创新与迭代

专注产品技术创新是石头科技实现跃升的关键。在创新能力方面,石头科技凭借其自研的 LDS 技术,成为国际上将激光雷达技术及相关算法大规模应用于智能扫地机器人领域的领军企业。公司在核心算法、

激光雷达、清洁模块拥有技术优势，不仅引领了行业的发展方向，还直接推动了扫地机器人产品的广泛普及。石头科技还是全球首家实现高精地图实时显示的扫地机器人品牌，这一创新技术为用户带来了更为便捷和高效的清洁体验。

在研发体系方面，石头科技设有未来实验室、AI 研究院、机电研究院、光电研究院等研究机构，在机械设计、流体设计、软件算法端技术等领域积累深厚。同时，公司高管大多具备技术研发的专业背景，为企业发展奠定了人才基础。公司创始人曾在微软、腾讯、百度等科技巨头履职，高管团队曾在国内科技巨头或海外科技领先企业任职，具备丰富的产业资源和广阔的国际视野。

（三）以差异化的产品定位和中高端的品牌形象拓展海内外市场

石头科技的核心业务是智能扫地机器人，并向洗地机、洗烘一体机延伸。公司基于海内外用户需求，针对不同价格带，打造对应产品。公司成功由生产米家产品转为发展自有品牌，2019 年起，公司生产的米家产品销售额逐年递减，2023 年，公司生产的产品基本全部转为毛利率更高的自有品牌产品。2019 年至今，公司在海外市场收入快速增长，目前占总收入的 60% 以上。

石头科技依托核心算法技术，打造行业领先的全能基站产品，针对国内外市场的不同需求实施差异化的产品策略。在国外市场方面，由于多数竞争对手的产品尚处在单机集尘阶段，公司推出的新品具备代际优势，因此在引领行业变革的同时获得了中高端的品牌形象。不同于多数出海品牌将产品价格聚焦在 200 美元～400 美元的性价比价格带，公司在美国市场走高端品牌路线。在 Google 携手 Kantar 发布的《Google×Kantar BrandZ 中国全球化品牌 2023》中，石头科技上榜 50 强。2024 年 4 月，美国著名科技媒体《The Verge》评选 9 款顶级扫地机器人，石头科技拥有上榜数量最多的品种。在国内市场方面，公司采取"以价换量"策略，通过技术升级降低成本，主要推出全能基站产品，促进内销持续增长。2023 年，公司国内销售额为 44.3 亿元人民币，同比增长 41%。

三、启示与借鉴

（一）依托大企业生态链积累初创资源

依托大企业生态创新平台是创业企业迅速积累资源，打造自有品牌的优选路径。作为依靠技术创新的家电产品制造初创企业，加入大企业生态链有助于快速形成可落地的商业模式。科技型创业企业的优势在于技术和人才储备，但短期内缺乏成熟的商业资源来确保产品顺利落地和量产推向市场，又一直是这类企业的短板。石头科技在这样的背景下，加入大企业平台，利用小米的品牌、渠道及供应链资源，迅速将产品推向市场。大企业平台提供的品牌、渠道及供应链资源，能够使初创团队专注于技术研发与产品设计，有助于其业务规模迅速增长，不断吸引业务领域的专业人才，积累用户数据，清晰判断行业发展方向，并获得细分市场的稳定份额。

（二）坚持技术研发打造自主品牌

坚持技术创新是科技型企业保有竞争力的关键。一方面，核心技术和专利产品是关键竞争壁垒。科技型初创企业要持续在产品核心技术上进行研发和升级，提升产品的用户体验，同时减少对高性能硬件的依赖，从而在确保产品性能的同时，也兼顾成本和效率，实现更加经济高效的生产模式。另一方面，企业应持续完善自身研发体系，重视研发费用和研发人才的投入，建立和扩展内部研发部门的同时保持与行业内技术领先的大企业协同合作，使自身的研发投入和研发产出形成可持续的正向循环。

（三）差异化营销策略把握市场定位

精准把握市场需求是确立企业自身品牌策略的关键，产品的价格和质量是打造品牌形象的关键维度。针对国内外市场的不同用户需求，企业需要建立差异化的产品营销策略。在国内市场方面，持续维护企业发展过程中所获取的平价产品用户，以技术创新兼顾产品的成本和效率，采取"以价换量"的策略给用户提供更好的用户体验。在国外市场方面，科技型企业依靠自身产品的核心技术优势，对国外市场主要产品销售地区的竞品进行分析，以线上销售渠道进行推广，迅速树立中高端的产品形象，占领细分市场份额。

第三节 安井食品集团股份有限公司

一、企业概况

安井食品集团股份有限公司（以下简称"安井"）成立于 2001 年 12 月，主要从事速冻火锅料制品、速冻面米制品和速冻菜肴制品等速冻食品的研发、生产和销售。公司在国内设有厦门安井（总部）、无锡安井、泰州安井、辽宁安井、四川安井、湖北安井、河南安井、广东安井、山东安井、新宏业及洪湖安井，共计 11 个产销研一体化生产基地，另有无锡营销、安井冻品先生、新柳伍、鞍山安润、湖北安润及英国功夫食品等控股或参股子公司，事业版图不断壮大。安井 2021 年营业收入为 92.72 亿元人民币，净利润为 6.82 亿元人民币，现已成长为国内较具影响力和知名度的速冻食品企业。

二、发展战略

（一）全渠道销售战略保障市场领先

安井形成了以华东地区为中心、辐射全国的营销网络，包含 10 个分公司、31 个联络处、10 个独立工作站、近 300 个直属工作站。安井营销模式包含经销商、商超、特通直营、电商、新零售等。在 B 端渠道方面，经销商资源已成为安井的核心竞争力之一，通过不断赋能与贴身服务，安井已形成近 2000 家忠诚度高、分销能力强的一级经销商队伍，并与海底捞、彤德莱、永和大王等特通餐饮客户，周黑鸭、绝味、湖北旭乐、浙江瑞松、浙江渔福等休闲食品类上市公司及其上游供应链企业建立了合作关系。在 C 端渠道方面，安井与大润发、永辉、物美、沃尔玛、苏果等商超大卖场达成战略合作，随着线上平台赋能各商超系统，公司同步加强商超线上 O2O 销售拓展及与线上第三方销售平台美团超市便利等品牌方的销售拓展，同时积极参与各大商超的直播带货活动。近年来安井主动顺应消费习惯变化趋势，积极拓展线上全渠道建设；巩固强化与原有渠道天猫、京东等 B2C 平台合作、积极参与平台重要的购物节活动以及节庆大促；依托集团稳健供应链体系，利用平台数字化工具洞察消费者需求，科学精准地与线上消费者保持互动，创新家庭消费为主的多品类组合方式，增加多区域前置仓布局建设，不断提高对 C 端市场的柔性高效供应能力。安井积极拓展与新零售平台的合作，运用新零售平台大数据，对商品线上服务、线下体验以及现代物流进行深度融合。积极开拓直播带货板块建设，构建"头部主播+外协直播机构+自建直播团队"三位一体的直播渠道。

（二）智能化升级助力提质增效

作为国内速冻食品行业龙头企业，在转型升级和内部需求双重驱动下，安井积极推动智能化升级、数字化转型，旨在发展成为行业数字化制造领先企业。通过融入精益理念，对生产基地设备进行数字化改造升级，以及使用智能装备机器视觉质检设备，并集成对接 ERP、MES、EDI、电子称量等系统，形成了高度柔性的智能制造生产模式，在生产管控、物流管控、质量管控、安全管控等方面取得显著成效，助力企业提质增效。厦门联通与安井食品联手，提供 5G 智慧工厂服务，集中资源助力安井快速打造 5G+AGV 智能叉车等"5G+工业互联网"的应用场景落地，打通生产制造全流程数字化，使食品生产更加可视化、智能化、精益化，由安井总部 5G 智慧工厂打造的样板间，将在未来推广至安井各大产销研一体化生产基地。同时打造基于 5G 边缘计算技术研发的智能生产质检解决方案，借助机器学习、5G、AI 识别、深度学习、自动剔除等技术手段，实现产品智能在线检测场景。在该场景的多个关键节点引入了高清高速摄像头、传感器等设备，构建了密集检测的 5G 网络，通过边缘计算和深度学习实现对产品外观和物理属性的即时监测，实现了从原材料到产品入库全生产过程的数据采集和交互。解决了传统人工检测方式成本高昂、质量控制不稳定、数据采集与分析困难、产品追溯难、危险行为检测难等问题。

（三）"三品"战略推动抢占行业高点

在增品种方面，安井主要经营四大品类的速冻食品，包括速冻鱼糜

制品、速冻肉制品、冻面米制品与速冻菜肴制品，目前有近 400 个品种。此外，公司坚持每年聚焦培养 3～5 个"战略大单品"。预制菜（速冻菜肴）在 2022 年销售同比增长 111%的情况下，2023 年依然同比增长约 30%，销售额达到 40 亿元人民币，接近其传统产品线丸子（速冻鱼糜制品）的 44 亿元人民币销售额。面向 C 端全渠道销售的、定位在中高端的火锅料锁鲜装系列自 2019 年推出以来，在渠道持续扩张的同时迅速抢占行业制高点。通过产品结构的优化调整和中高端产品比重的提升，大大提高了公司的盈利能力和品牌影响力。在提品质方面，安井坚持"市场导向＋技术创新"的经营思路，以生产工艺专业化、食品质量安全性为经营目标，并以此推动研发工作的开展。目前公司拥有国家级企业技术中心、农业农村部冷冻调理水产品加工重点实验室和国家冷冻调理水产品加工分中心，在行业内拥有较强的技术创新能力，每年不断推出多种新品。公司已和江南大学等国内多个院校和科研院所建立了良好的产学研关系，陆续主持了科技部科技支撑计划子课题、"十四五"科技部国家重点研发计划食品制造与农产品物流科技支撑重点专项课题、自然资源部海洋经济创新发展区域示范项目等。在创品牌方面，安井品牌涵盖包括自产调理类菜肴品牌"安井小厨"、预制菜品牌"冻品先生"、水产菜肴类品牌"洪湖诱惑""柳伍"与"安仔"。安井采用"视觉营销"为主的渠道品牌建设思路，"终端布置+户外广告"的广告发布方式。除传统广告投放渠道外，公司也积极布局新媒体，打造立体式宣传矩阵，在微信视频号、抖音、小红书等平台集中发力，以"短视频+图文+直播"等组合模式，更好地触达年轻消费群，扩大品牌声量，推动宣传品效合一。2023 年，安井位居"胡润中国预制菜生产企业百强榜"的榜首。

（四）集团化研发管理模式引领技术创新

2018 年，安井发布《关于在薪酬体系中增设"专业技术通道"的通知》，将研发人员的薪资激励政策与专业技术通道挂钩；并根据《技术部专业技术通道评审办法》制定"专业技术通道"的具体技术等级评审办法，为研发专业人才打通晋升路径。评审办法中将技术能力细分为 4 个方向，分别为新品研发、产品改良、基础研究及项目文字类，并根据能力建设要求分为基础能力和拓展能力。根据安井发布的《集团技改、研发激励办法》，公司每年对技术研发工作，分产品开发、物料开发应用、工艺及基础研究 3 个方向进行项目评级奖励；公司根据单个项目进度完成情况，采用行政审批单形式，对知识产权申报、参与国家标准行业标准制修订、研究成果鉴定等工作进行分级激励审批和合并计入薪资发放。在某个产品到达一定销售体量的前提下，就会对各个生产线进行自动化改造，这是一项长期持续的工作。2022 年，安井共有 16 个科研平台，其中省部级以上科研平台 13 个。各科研平台均设有技术部、检测中心，形成产品开发、基础研究、产业应用、检测验证等多维度业务能力，为"产地研"的销售研发策略提供有力支撑。截至 2022 年，公司拥有全部有效专利 314 项，其中发明专利 68 项；安井累计承担国家级项目 12 项，主持或参与《速冻食品术语》《冷冻鱼糜》等 90 余项标准的制修订工作，其中 54 项已完成并发布。由公司主导制定的国际标准《冷冻鱼糜》的正式发布，实现了我国在水产领域国际标准"零的突破"。

三、启示与借鉴

（一）全渠道销售与数字化转型

安井成功实施全渠道销售战略，通过线上线下多渠道拓展市场，并积极推进数字化转型，利用大数据和智能化手段提升消费者洞察力和市场响应速度。公司紧跟数字化潮流，打造线上线下融合的销售网络，通过精准营销提高市场占有率和顾客满意度。

（二）智能化升级与提质增效

安井通过智能化升级，引入先进的生产设备和系统，实现高度柔性的智能制造生产模式，提高生产效率和产品质量。食品企业应借鉴这一经验，加大科技投入，推进智能制造和数字化转型，提升自动化和智能化水平，以科技创新驱动企业高质量发展。

（三）产品创新与品牌建设

安井注重产品创新，坚持每年推出多种新品，并通过多维度的品牌建设策略提升品牌影响力。食品企业应注重产品研发和品牌建设，通过差异化策略满足不同消费者的需求，提升产品附加值和品牌影响力，实现可持续发展。

（四）集团化研发管理与技术创新

安井采用集团化研发管理模式，建立多个研发平台和产学研合作关系，推动技术创新和成果转化。食品企业应构建开放的创新体系，建立有效的研发管理和激励机制，激发研发人员的创新潜力，加强产学研合作，推动企业技术进步和产品升级，为企业的长远发展提供强有力的支撑。

第四节　惠州亿纬锂能股份有限公司

一、企业概况

惠州亿纬锂能股份有限公司（以下简称"亿纬锂能"）成立于 2001 年，于 2009 年在深圳创业板首批上市，历经 23 年的快速发展，已成为具有全球竞争力的锂电池平台公司，同时拥有消费电池、动力电池、储能电池核心技术和全面解决方案，产品广泛应用于物联网、能源互联网领域。公司坚持以技术创新驱动发展，拥有占地面积约 23 万平方米的研究院及 5291 名国际化、跨学科综合研发团队成员，构建了 6 个研究院及 5 个研究所，拥有从锂电池、锂离子电池、动力电池、电池系统到装备材料、移动能源技术等全面的电池研发平台。亿纬锂能已申请超过 7400 项专利，同时与武汉大学、StoreDot 等高等院校和科研机构就新材料、前沿技术等建立深入合作关系。亿纬锂能始终秉承可持续发展理念，致力于打造更加绿色节能的产品和解决方案，已获得"国家级绿色工厂"称号、已构建"废旧锂电池-化学材料-电池材料-锂电池"循环经济绿色供应链，并基于"锂电池全生命周期"全方位实施减碳策略。未来，亿纬锂能将持续以"双碳"目标为引领，在技术创新、能源管理等方面积极探索，为人类可持续发展做出突出贡献。亿纬锂能消费电池产品涵盖锂原电池、小型锂离子电池及圆柱电池，服务全球一线工业消费品牌，广泛应用于智能表计、汽车电子、智能安防、电子雾化器、智能穿戴、TWS 耳机、电动工具、电动两轮车、吸尘器等细分领域产品。动力电池全面解决方案涵盖方形三元电池、方形磷酸铁锂电池、软包三元电池、大圆柱电池、动力及储能电池系统，广泛应用于电动船舶、工程机械、电力储能、通信储能、家庭储能等市场。亿纬锂能的锂原电池在全球智能表计与智能交通领域的应用数量超过 17 亿只，锂原电池销售额及出口额连续 8 年排名全国第一。

二、发展战略

（一）绿色可持续发展战略

亿纬锂能致力于"成为最具创新力的锂电池领军企业，为人类的持久发展贡献显著力量"。公司积极响应全球可持续发展倡议，并满足各利益相关方的可持续发展需求。为此，公司高效运作可持续发展委员会、联席工作会议等管理机构，确保公司的所有经营管理活动均融入可持续发展的理念。亿纬锂能秉持"轻量化、耐用、可回收"的环保设计理念，紧跟电化学能源的研究前沿，探索新技术、新体系，为公司提供战略技术路线和应用解决方案，推动新技术的产业化进程。坚持简洁设计理念，选择符合国际环保标准的高质量原材料，并优先采用低碳材料和先进工艺，以确保产品的长寿与可靠，实现真正意义上的绿色设计。随着电动汽车和电化学储能市场的蓬勃发展，废旧电池的处理已成为行业面临的关键挑战。亿纬锂能积极推动电池回收技术的进步与实际运用，通过梯次利用和再生利用废旧电池，与合作伙伴共同构建了一个闭环的绿色供应链，即"废旧锂电池-化学材料-电池材料-锂电池"，为社会提供从始至终的解决方案。在生产运营中，亿纬锂能主要消耗的能源有电力、天然气和蒸汽。为提升能效，设定了减少能耗的目标，并将其纳入各工厂的考核体系。与 2022 年相比，亿纬锂能的单位产品综合能耗降低了 9%，取水量也减少了 15%。除了常规能源，亿纬锂能还大力推广可再生能源的使用，通过投资与合作在公司屋顶安装光伏电站，并购买绿色电力和绿证，从而不断扩大可再生能源的利用范围。亿纬锂能的光伏电站总发电量达到 35802MWh，成功减排了 2 万吨的二氧化碳当量。

（二）坚持技术创新驱动发展

作为全球锂电池头部企业，亿纬锂能始终坚持技术创新驱动发展，构建消费电池、动力电池、储能电池全面解决方案。公司自成立以来坚持以科技创新不断提升企业核心竞争力。创始人兼董事长刘金成博士从 20 世纪 80 年代开始研究电池，至今已有 30 多年的从业研究经验。亿纬锂能建立了由公司科技委员会、中央研究院、各研究分院组成的研发体系，科技委员会为研发体系的决策机构，中央研究院负责基础研究和前沿技术预研，各研究分院负责专业领域的技术研发，从而形成对各业务组、各下属公司的技术支持和共享机制。亿纬锂能已建成 19 个大型研发实验室和中试线，通过强化成果转化力度，快速响应下游需求，形成了适应市场竞争和企业发展需要的企业技术开发体系。依托先进的科研平台和国际化、系统化的技术团队，攻克了多项锂电池核心技术，先后获得 5 项中国专利优秀奖、1 项广东省专利银奖、3 项广东省专利优秀奖、2 项广东省科学技术一等奖和 1 项中国轻工联合会科学技术发明一等奖，成绩斐然。亿纬锂能高度重视对产品的研发投入和自身研发综合实力的提升，针对行业发展趋势，积极做好新产品的研发和技术储备工作。目前，锂金属二次电池已成功攻克三大技术难点，基于 10Ah 的电芯，最高可实现能量密度 580Wh/kg，并支持 5C 的输出，同时全性能测试可满足 UL1642 和 UN38.3 的安全要求。半固态电池基于 50Ah 的软包电池，可实现能量密度 400Wh/kg，超过 1000 次的循环寿命，使用温度可拓展到-20℃～80℃，该电池目前已完成设计定型。在固态电池领域，公司已开展聚合物类固态电池的研究，目前已初步实现了室温下的稳定运行。大方型钠离子电池基于聚阴离子正极和硬碳负极，可实现能量密度 110Wh/kg，气温在 10℃下容量保持率高达 90%，-40℃下仍能正常工作，材料数据实测已超过 10000 次循环，未来将围绕零碳指标，进行超大容量绿色钠离子电池开发。在氢燃料电池方面，公司已完成 150kW 氢能电池电堆开发，体积功率密度达到 4.0kW/L。

（三）全球化战略布局提升海外市场竞争力

亿纬锂能正通过全球化战略布局，显著增强其在海外市场的竞争力。亿纬锂能已成功地将保时捷、戴姆勒、宝马及现代起亚等国际知名车企吸引为客户，并与戴姆勒、宝马等签订了长期供货合同，稳固了其市场地位。为了进一步确保供应链的稳定，亿纬锂能正在积极布局海外电池生产能力。2022 年 3 月，亿纬锂能宣布将在匈牙利德布勒森建立其在欧洲的首家动力电池制造工厂，预计 2026 年正式投产。该工厂的选址靠近多家知名汽车制造商，如奔驰、宝马等，旨在更好地满足欧洲市场对高性能电池的需求。同年 7 月，亿纬锂能进一步扩大其全球足迹，于马来西亚槟城设立新公司，并计划投资不超过 4.223 亿美元建设圆柱锂电池生产线。此项目旨在服务马来西亚及东南亚地区的电动两轮车和电动工具制造企业，进一步拓宽其市场份额。亿纬锂能的海外扩张策略不仅有助于分散业务风险，提升市场竞争力，还能通过本地化生产降低成本，提高投资回报率。同时，亿纬锂能在美国、德国等地设立销售公司及办公室，实施"扎根本土、服务本土"的出海战略，以更深入地了解并满足当地市场和客户需求。在全球化进程中，亿纬锂能也高度重视企业社会责任，尤其在环保方面。公司在惠州和荆门的生产基地均被评为国家级绿色工厂，致力于低碳制造和绿色生产。此外，亿纬锂能还遵循国际环保法规，在生产过程中提高回收材料的利用率，采用环保包装材料，以实现更加绿色、高效的物流运输，充分展现了其在可持续发展方面的承诺和努力。

三、启示与借鉴

（一）技术创新与研发投入的重要性

亿纬锂能通过持续的技术创新和大量的研发投入，构建了从锂电池、锂离子电池、动力电池到储能电池的全面解决方案，成功成为全球锂电池头部企业。这表明，在电池储能行业中，技术创新是企业保持竞争力的关键，而研发投入则是技术创新的重要支撑。相关企业应加大研发投入，不断推动技术革新，以满足市场的多样化需求。

（二）绿色可持续发展战略的前瞻性

亿纬锂能积极响应全球可持续发展倡议，秉承"轻量化、耐用、可回收"的环保设计理念，打造了从废旧锂电池回收到再生利用的闭环绿色供应链。这一战略不仅有利于减少环境污染，还能为企业创造新的利润增长点。对于电池储能行业来说，绿色可持续发展战略具有前瞻性，相关企业应紧跟环保趋势，探索绿色制造、绿色供应链等新模式，实现经济与环境的双赢。

（三）全球化战略布局的必要性

亿纬锂能通过全球化战略布局，成功吸引了保时捷、戴姆勒等国际知名车企作为客户，稳固了其市场地位。这一战略展示了企业在全球化竞争中的敏锐洞察力和高效执行力。对于电池储能行业的相关企业来说，全球化战略布局已成为必然选择。通过积极布局海外市场，不仅能分散业务风险，提升市场竞争力，还能通过本地化生产降低成本，提高投资回报率。

第五节　安徽丰原生物技术股份有限公司

一、企业概况

安徽丰原生物技术股份有限公司（以下简称"丰原生物"）是一家国内大型农产品深加工龙头企业，是国家级高新技术企业、安徽省绿色工厂，设有博士后科研工作站和有机酸、氨基酸研发中心。在经过产业升级后，丰原生物依托发酵技术国家工程研究中心平台，拥有菌种、发酵、提取、纯化、聚合、应用开发六大核心生物化工技术，以玉米、木薯、农作物秸秆等为原料，主要生产有机酸类、氨基酸类生化产品，并重点发展生物材料及其深加工产品。

在生物化工领域，丰原生物利用高新技术改造传统生物化工产业，生产有机酸、氨基酸系列产品。有机酸主要包括乳酸、柠檬酸和苹果酸等，在医药、食品、饲料方面应用广泛，丰原生物已建成 3 万吨/年的 L-苹果酸项目。氨基酸是组成蛋白质的基本单位，主要作为食品、饲料的营养添加剂。氨基酸分为必需氨基酸、非必需氨基酸，丰原生物已建成 15 万吨/年的赖氨酸项目，行业领先的 3 万吨/年的丙氨酸项目，3 万吨/年的苏氨酸项目，并能生产 DL-丙氨酸、D-天冬氨酸和三支链氨基酸系列产品。生物材料是目前公司发展的重点，现已建成投产 18 万吨/年乳酸和 10 万吨/年聚乳酸的项目，以及配套的原料预处理、热电和环保车间，形成了全产业链优势。

丰原生物在安徽固镇的生物产业制造基地还将按照模块化工程建设 6 个 50 万吨/年的乳酸和 30 万吨/年的聚乳酸项目，目前以"5553"为一个模块（即 50 亿投资、500 亩地、50 万吨乳酸、30 万吨聚乳酸）开展聚乳酸项目建设，第一个模块于 2022 年年底建成，已形成 40 万吨/年的聚乳酸产能，丰原生物已成为国内生物新材料的主要供应商。"十四五"期间，丰原生物继续扩大生物基产品产能，重点发展聚乳酸、生物基聚氨酯（BIO-PU）、生物基聚碳酸酯（BIO-PC）等产业，为生物新材料发展领域及人类可持续发展做出更大贡献。

二、发展战略

（一）氨基酸技术创新

丰原生物现设有省级博士后科研工作站和市级企业技术中心两大研发机构，汇聚了一支包括微生物实验、发酵技术、提取技术、分析及信息调研在内的全方位技术研发团队，共计 29 名专业人才，其中包含 1 位在站博士后。此外，丰原生物还配备了 100 多台套尖端设备以支持研发工作。2021 年，博士后科研工作站与安徽科技学院建立了产学研合作关系，专注于氨基酸发酵尾液副产物的研究与再利用。丰原生物已经启动了"氨基酸发酵尾液制备有机无机复混肥生态滁菊栽培关键技术研究与应用"项目，并在 2021 年 3 月成功申报为省科技重大专项，且已通过初审。同年 7 月，该项目还在全国博士后创新创业大赛安徽赛区成功申请参赛。2018—2020 年，丰原生物的技术研发团队围绕公司的有机酸、氨基酸、聚乳酸、葡萄糖酸钠等核心产品进行了深入研发。这些努力已转化为实际的成果：丰原生物已成功申请了 11 项专利，涉及多种发酵和提取方法。同时，在安徽省科技成果登记系统中，已登记了 6 项重要研究成果，并获得了相应的成果登记证书。展望未来，丰原生物将继续致力于科技创新，以推动公司产品的持续进步和优化。

（二）自主研发全产业链聚乳酸

丰原生物依托发酵技术国家工程研究中心，联合国内高校、科研院所共同组建了安徽省聚乳酸新材料制造业创新中心、生物基可降解材料安徽省技术创新中心、安徽省生物基聚合材料技术标准创新基地。丰原生物经过近 20 年在聚乳酸核心技术及下游应用方面的持续研发，除拥有与比利时 Galactic 公司合作的乳酸、聚乳酸技术外，还通过与国内研究机构和院校合作，整合全产业链技术，于 2019 年成功将以自有高产乳酸发酵菌种建设的 5000 吨/年的乳酸、3000 吨/年的聚乳酸产业化示范线试车投产。这是一条全国领先的，从葡萄糖发酵开始的全产业链乳酸、聚乳酸生产线。丰原生物所生产的聚乳酸分子量可控可调，离散指数低，可以根据下游应用进行调整，成本低，并且已经掌握了聚乳酸纺织、注塑、吹膜和型材等应用领域核心技术，能够为下游应用企业提供技术支持，也奠定了聚乳酸行业规模化发展的基础。丰原生物是全球掌握两套聚乳酸全产业链生产技术的生产企业，与比利时 Galactic 的合作技术已取得全球独占授权，包括从菌种到丙交酯、聚乳酸的全套工艺技术；丰原生物自主知识产权的国产聚乳酸全产业链技术，系统掌握了L-乳酸生产及"一种乳酸菌发酵方法""一种连续发酵生产 L-乳酸的方法""一种高分子量聚乳酸的制备方法""利用纤维水解液生产 D-乳酸的方法""一种乳酸菌的诱变及选育方法"，已授权的发明专利 5 项，正在申报的还有十余项。丰原生物还储备了利用秸秆纤维素生产聚乳酸的技术，早在 2010 年，丰原生物就建成了使用玉米秸秆为原料生产 5000 吨/年燃料乙醇、1000 吨/年乳酸的工业化示范项目，并通过了安徽省科技厅的验收。在聚乳酸产业发展到一定规模后，为应对市场竞争和原料供应压力，丰原生物计划在 2025 年后使用农作物秸秆作为原料，生产聚乳酸系列产品，确保生物基新材料聚乳酸产业可持续快速发展。

（三）丰原生物的低碳减排战略

丰原生物坚信，利用生物质等可再生资源，通过生物制造技术产出的生物材料，将逐渐取代石油化工制品（如化纤、传统塑料等），推动材料产业朝着环保、安全、可降解的方向发展。同时，随着新能源汽车逐渐替代燃油汽车，以及太阳能、核能、氢能等新能源逐步取代化石能源，丰原生物正迈向一个更加清洁、高效、可持续的能源未来。相较于传统的石化基聚合物，聚乳酸展现出卓越的生物安全性和可降解性，由于其生物基来源，PLA 在碳排放上也具有显著优势，相较于传统塑料大幅降低了碳足迹。此外，公司探索了一种全新的碳捕集方式：利用光合作用产生的生物质（如粮食、秸秆、农林废弃物等）为原料，制造如聚乳酸的生物材料，并进一步加工成绿色纤维和塑料。这些产品在使用和降解过程中均不产生微塑料污染或有害气体，对人与动物安全无害，甚至可以直接填埋，从而实现了一种创新的碳捕集与封存模式。

三、启示与借鉴

（一）技术创新引领产业发展

丰原生物依托强大的研发实力，在生物化工领域不断突破，形成了菌种、发酵、提取、纯化、聚合、应用开发六大核心生物化工技术。这充分说明，技术创新是引领生物技术行业发展的关键因素。对于相关企业而言，应加大科研投入，培养创新团队，积极探索新技术、新工艺，以技术创新为核心竞争力，推动产品升级和产业升级，从而在激烈的市场竞争中脱颖而出。

（二）全产业链布局实现可持续发展

丰原生物不仅关注单一产品的研发和生产，更致力于全产业链的布局和发展。从原料预处理到最终产品的应用，形成了完整的产业链优势。这种全产业链布局不仅提高了生产效率，降低了成本，还实现了资源的有效利用和循环利用，符合可持续发展的要求。对于生物技术行业和相关企业而言，应积极构建全产业链体系，实现资源的整合和优化配置，提升产业链的整体竞争力和可持续发展能力。同时，还应关注环保和节能问题，减少生产过程中的环境污染和资源浪费，为行业的可持续发展贡献力量。

第六节 信达生物制药（苏州）有限公司

一、企业概况

"始于信，达于行"，开发出老百姓用得起的高质量生物药，是信达生物制药（苏州）有限公司（以下简称"信达生物"）的使命和目标。信达生物成立于 2011 年，致力于研发、生产和销售肿瘤、自身免疫、代谢、眼科等重大疾病领域的创新药物，让公司的工作惠及更多的生命。信达生物已有 10 个产品获得批准上市，它们分别是信迪利单抗注射液（达伯舒®）、贝伐珠单抗注射液（达攸同®）、阿达木单抗注射液（苏立信®）、利妥昔单抗注射液（达伯华®）、佩米替尼片（达伯坦®）、奥雷巴替尼片（耐立克®）、雷莫西尤单抗注射液（希冉择®）、塞普替尼胶囊（睿妥®）、伊基奥仑赛注射液（福可苏®）和托莱西单抗注射液（信必乐®）。目前，同时还有 3 个品种在 NMPA 审评中，5 个新药分子进入 III 期或关键性临床研究，另外还有 18 个新药品种已进入临床研究。

信达生物已与礼来、罗氏、赛诺菲、Adimab、Incyte 和 MD Anderson 癌症中心等国际合作方达成 30 项战略合作。信达生物在不断自研创新药物、谋求自身发展的同时，始终秉承经济建设以人民为中心的发展思想。多年来，一直心怀科学善念，坚守"以患者为中心"，心系患者并关注患者家庭，积极履行社会责任。公司陆续发起、参与了多项药品公益援助项目，让越来越多的患者能够得益于生命科学的进步，买得到、用得起高质量的生物药。截至 2023 年 10 月，信达生物患者援助项目已惠及 17 余万名普通患者，药物捐赠总价值达 34 亿元人民币。信达生物希望通过自身努力，提高中国生物制药产业的发展水平，以满足百姓用药可及性和人民对生命健康美好愿望的追求。

二、发展战略

（一）研发管线长期布局，打造高质量研发平台

信达生物对新药研发及技术平台建设给予高度重视，目前已经构建了一套覆盖生物创新药开发全流程的高品质技术体系。这套体系涵盖了

研发、药学开发、产业化、临床研究和营销等多个环节，经过整合和优化后，形成了一个高效运转的有机整体，为信达生物创新药物的持续研发奠定了坚实基础。信达生物以全球化为长期核心战略，在世界多地建立了技术研发平台。公司总部位于中国的苏州，同时在美国和英国设有子公司，并在美国马里兰州设有实验室，此外，在澳大利亚也设立了临床实验室。为了持续推动全球产品开发，公司不断招募全球顶尖的产品开发团队，紧密连接全球前沿的创新资源和临床实践，以加速产品的全球研发和注册进程。在 2022 年，信达生物国清院成功推出了 6 款创新分子，为 IND 准备阶段做出了重要贡献。同时，首批交付的药物也将在澳大利亚进行临床研究。值得一提的是，信达生物国清院已经建立了集成的 ADC 平台，并在美国设立了两个 ADC 实验室，目前已经成功研发出具有自主知识产权的抗体药物连接子。为了进一步提升研发实力，信达生物成立了科学顾问委员会，邀请了 3 位世界知名科学家加入。科学家们用顶尖的学术理念和丰富的行业经验为公司的早期药物发现和临床开发提供了宝贵的科学建议。在全球化资源配置的同时，信达生物也积极与外部研究机构进行交流和合作。目前，公司已经与美国礼来制药、Adimab、Incyte、MD Anderson 癌症中心和韩国的 Hanmi 等国际合作伙伴达成了战略合作关系。信达生物的研发管线具有长期布局，商业化后备力量雄厚。公司已经建立了包含 35 款创新候选药物的强大管线，其中包括 25 款肿瘤产品和 10 款非肿瘤产品。目前，已有 9 个产品实现商业化，2 个产品正在接受 NMPA 审评，5 个产品已进入药物Ⅲ期或关键性临床研究，另有约 20 个产品已进入临床研究阶段。在肿瘤领域，信达生物国清院搭建的集成式 ADC 平台取得了显著成果。凭借优秀的抗体工程团队与全球连接子领域的顶尖公司合作，目前已有十几个 ADC 项目处于临床前管线中。其中，Claudin18.2 ADC 项目已在澳大利亚启动Ⅰ期临床试验。预计未来每年将有至少 2～3 款 ADC 分子进入临床试验阶段。在非肿瘤领域，信达生物重点关注处于药物Ⅲ期和产品注册阶段的高潜力项目。例如，明星产品 IBI-362 在肥胖症和糖尿病的 PocⅡ期试验中取得了优异的数据结果，目前正在积极开展Ⅲ期临床试验，有望成为中国庞大的肥胖症治疗市场中领先的国产产品。信达生物的产品管线进展顺利，不断实现价值兑现。目前，公司已建立起涵盖癌症、

代谢、自身免疫疾病及其他主要治疗领域的 36 个新药品种的创新产品管线。在 2022 年，公司实现了 5 款药物获批上市，4 款药物上市申请获得受理，5 款药物进入关键Ⅲ期临床试验，并有多款药物读出积极的 PoC 临床数据。此外，还新增了 8 款创新分子进入临床试验阶段，管线进展迅速且价值不断兑现。

（二）销售团队精细化管理初见成效，国际合作彰显综合实力

2022 年，信达生物在销售及市场推广方面的费用为 25.91 亿元人民币，全年销售费用率达到 56.9%，相较于 2021 年的 61.4%有所下降，降低了 4.5 个百分点。同时，公司产品销售费用率也从 2021 年的 65.5%下降至 62.6%，降幅为 2.9%。这一成绩得益于公司 2022 年实施了更为科学的商业管理模式，包括组织架构的优化、产品组合的调整以及精细化的管理措施，从而有效提升了销售推广的效率。信达生物自成立商业化团队以来，已经建立起一支近 3000 人的专业销售团队及全方位的支持体系。该团队的服务已覆盖超过 5000 家医院和 1000 多个直达患者病房，通过提供多款高质量的抗肿瘤产品和遍布全国的市场渠道，公司的商业化步伐日益加快，为广大患者提供了优质的治疗方案。从产品开发的角度来看，目前，信达生物的商业化产品中，有 4 款是自主研发并与其他企业合作进行全球布局的，另有 4 款则是通过合作开发和外部引进相结合的方式获得的，合作伙伴包括 Incyte、礼来制药、亚盛医药等，信达生物负责这些产品在中国市场的商业化工作。同时，公司积极拓展国内外合作，引进了多款创新产品，并合作进行临床试验。在过去的 10 年里，信达生物完成了大约 30 笔与药品相关的交易，其中近 20 笔是海外交易。值得一提的是，在近两年中，公司通过 licence-in 等方式从礼来制药、赛诺菲、UNION therapeutics 等多家知名药企引进了 10 余款海外创新药物，这些药物针对 ROS1、Bcr-Abl T315I、VEGFR2、RET、IL-2 等多个靶点，主要集中在抗肿瘤和免疫领域。这些战略合作不仅丰富了公司的产品管线，也为公司带来了稳定的现金流。信达生物通过不断的合作，正在持续扩大其市场份额和影响力。

（三）高标准建设生产基础设施，为产品质量护航

信达生物在生物制药领域展现了卓越的实力，其完善的生产设备和充足的产能为公司的持续发展注入了强大动力。2022 年，公司拥有 6 万升 GMP 认证的生物反应器产能，不仅保障了不断增长和成熟的药物研发管线的需求，也为信达生物的业务扩张提供了坚实的支撑。为满足后续商业化的需要，信达生物已建成高端生物药产业化基地，该基地建筑面积广阔，第一基地占地面积为 9.3 万平方米，第二基地占地面积更是达到了 17.6 万平方米。这两个基地的生产线均符合中国 NMPA、美国 FDA 和欧洲 EMA 的 GMP 标准，彰显了信达生物对生产质量和国际化的高度重视。值得一提的是，信达生物的第一工厂已经通过了合作方国际制药集团产品商业化生产要求的 GMP 审计，并在 2018 年获得了国家药监局的 GMP 认证。这一成就标志着信达生物的生产线不仅达到了国内顶尖水平，更是符合了美国 FDA 的 GMP 标准。同时，基地还配备了国际、国内先进的工艺设备、分析仪器，以及完善的制药用水、洁净空调、公用系统和在线监控系统等设施，确保了生产的高效与稳定。在苏州基地，信达生物拥有 6 万升的抗体产能和 ADC 产业化生产线，高质量的产品供应得到了充分保障。而在杭州基地，公司更是规划了高达 17 万升的抗体产能，其中一期 8 万升已经建成投产，二期 9 万升也在紧密规划中。这一庞大的产能将使信达生物能够满足全球市场的需求。目前，信达生物已投入使用的总产能达到了 14 万升，占据全国总产能的 20%。展望未来，随着所有生产线的全面建设完成，公司的总产能将提升至 23 万升，跻身全球生物制药企业产能前十的行列。信达生物正以其强大的生产能力，稳步迈向全球生物制药的前列。

三、启示与借鉴

（一）持续加强创新与技术平台建设

信达生物始终将创新作为企业发展的核心驱动力，通过建立一套高品质的技术体系，覆盖从研发到产业化的全流程，为公司持续创新药物的研发提供了坚实基础。生物制药企业应当注重技术平台的建设与创新，通过不断的研发投入和技术积累，形成自身的核心竞争力，从而在

激烈的市场竞争中立于不败之地。

（二）以患者为中心的社会责任履行

信达生物在追求自身发展的同时，始终坚守"以患者为中心"的理念，积极履行社会责任，发起并参与了多项药品公益援助项目，让更多的患者能够受益。生物制药企业应当认识到自身的社会责任，关注患者需求，通过提供高质量的药物和服务，为患者带来实实在在的好处，同时也为企业的可持续发展打下坚实基础。

（三）全球化战略布局与资源整合

信达生物在全球多地建立技术研发平台，积极与国际合作伙伴开展战略合作，实现了资源的全球化配置和共享。生物制药企业应当树立全球化的战略眼光，通过与国际先进企业和研发机构的合作，引进先进技术和管理经验，加速产品的研发和上市进程，提升企业的国际竞争力。同时，也要注重本土市场的开拓和维护，实现国内与国际市场的双轮驱动。

政　策　篇

第十章

2023 年中国消费品工业重点政策解析

第一节 《医药工业高质量发展行动计划（2023—2025 年）》

一、政策内容

医药工业是卫生健康事业的重要基础，事关人民群众生命健康和高质量发展全局。2023 年 8 月 25 日，国务院常务会议审议通过《医药工业高质量发展行动计划（2023—2025 年）》（下称"《计划》"）。《计划》旨在全面提升我国医药工业的创新能力、产业结构和国际竞争力，为实现全面建设社会主义现代化国家的目标贡献力量。《计划》是在全国医药产业发展面临新形势、新任务的背景下制定的。近年来，随着全球医药市场需求的不断扩大，我国医药产业取得了显著的发展成果，但同时也面临着一些挑战，如创新能力不足、产业结构不合理、部分环节产品质量不能满足高质量发展要求等问题。为了应对这些挑战，工业和信息化部、国家发展和改革委员会等部门联合制定了本计划。《计划》提出了一系列具体措施，包括加大研发投入、优化产业布局、推动产学研用深度融合、提高药品质量和安全水平等。《计划》还强调加强国际合作，积极参与全球药品产业链分工，提升我国在全球医药产业链中的地位等。《计划》的出台，标志着我国医药产业发展进入了一个新的阶段。在未来几年里，我国医药工业将面临更多的机遇和挑战，需要各方共同努力，推动医药工业实现高质量发展，为人民群众的健康福祉做出更大的贡献。

二、政策影响

《医药工业高质量发展行动计划（2023—2025年）》的出台将会进一步提高医药工业产业韧性和现代化水平，增强高端药品、关键技术和原辅料等供给能力，推动医药工业创新发展，培育企业做大做强，提高产业集中度，推动传统中医药领域传承创新发展，提升医药工业全球竞争力。

我国医药工业各细分领域的发展处于不同阶段、不同特点，在当前复杂多变的国际形势下，《计划》的出台将会推动各领域"稳"字当头，锻长板，通过技术创新、模式创新等新技术、新思路，将优势打造成不可替代的竞争力；积极求进，补短板，围绕薄弱环节进行协同创新、联合攻关，提升产业链安全性和韧性。

我国医药工业创新生态尚处在发展时期。相较于国际先进水平，我国医药工业整体研发投入不足，尤其是基础研究和原创性研究相对薄弱，导致医药工业在关键技术领域的突破有限，创新体系尚不完善。医药工业产学研医之间的合作机制不够紧密，创新资源的整合和利用不够充分，创新成果转化效率不高。《计划》的出台将会从多方面搭建高效可持续的创新生态体系。

我国医药企业总体国际竞争力不足，全球 TOP30 医药企业中没有一家中国医药企业。《计划》的出台将推动我国造就出国际一流医药企业，大大提高医药企业的自主创新能力和国际竞争力，打造形成一批国际一流的医药生产基地、贸易中心。

当前生物医药大国正迅速以现代科技研制的"洋中药"抢占传统医药市场，传统医学势必要围绕创新展开科技革命以应对挑战。《计划》的出台将推动我国中医药发展，把创新作为推动医药工业高质量发展的核心任务，加快实施创新驱动战略，为传统医学科技改革，持续健康发展打造新引擎。《计划》的出台将优化促进我国中医药资源要素，深化供给侧结构性改革，进一步完善供应保障体系，发展稳定可控、绿色生态、高质低耗的中药全产业链。

（资料来源：中国政府网）

第二节 《纺织工业提质升级实施方案（2023—2025 年）》

一、政策内容

纺织工业是消费品工业重要组成部分，是传统支柱产业、重要民生产业和国际优势产业，在美化人民生活、服务经济发展、实现共同富裕、增强文化自信等方面发挥重要作用。我国纺织工业已形成全球规模最大、最完备的产业体系，纤维加工总量占全球比重超 50%，纺织品服装出口额占全球比重超过三分之一。"十四五"以来，我国纺织工业统筹疫情防控和行业发展，产业规模保持稳定，科技创新稳步提升，时尚与品牌引领力不断增强，绿色制造体系初步建立，产业结构持续优化，产业优势基础得到巩固。据此，2023 年 12 月 5 日，工业和信息化部、国家发展改革委、商务部、市场监管总局联合发布《纺织工业提质升级实施方案（2023—2025 年）》（下称"《方案》"）。目标是到 2025 年，现代化纺织产业体系建设取得实质进展，规模以上纺织企业营业收入稳中有增，发展质量效益保持良好水平，纺织工业国际优势地位进一步巩固提升。提出五个具体目标，一是创新能力不断增强，规模以上纺织企业研发经费投入强度达到 1.3%。二是智能制造加快推进，70% 的规模以上纺织企业基本实现数字化网络化。三是产业结构更加优化，高性能纤维、高端纺织装备、战略性产业用纺织品自给率基本满足需求。四是品牌建设深入推进，形成 20 家全球知名的企业品牌和区域品牌，时尚引领力进一步提升。五是绿色低碳循环发展体系得到健全，单位工业增加值能源、水资源消耗进一步降低，主要污染物排放强度持续降低，废旧纺织品循环利用质量和规模不断提高。从创新驱动、高端制造、智能制造、绿色循环、"三品"行动、供给韧性、产业布局等七方面提出重大任务。以专栏的形式展现关键技术突破行动、产业用纺织品应用拓展行动、天然纤维制品精品化行动、印染产业提升行动、知名品牌培育行动、检测认证影响力增强行动六大行动。最后，提出加强组织实施、加大资金支持、优化市场环境、注重宣传引导、统筹各方力量等保障措施，推动方案顺利实施。

二、政策影响

《方案》的落地是纺织服装行业向高质量发展迈出的又一坚实步伐，并将持续为纺织服装行业稳增长和高质量发展创造新动能与新优势。《方案》的出台将会推动纤维新材料、先进纺织制品、绿色制造和智能制造等重点方向科技攻关。

《方案》的出台将推动行业基础研究发展，强化纺织科技创新根基。"根深才能叶茂，源远才能流长。"基础研究是科学之本、技术之源，是提升原始创新能力的根本途径，也是建设世界纺织科技强国的根基。《方案》的出台推动纺织行业在重大基础前沿科学问题上聚焦发力，在新科技革命可能产生重大突破的方向上聚焦发力，在实现绿色发展和可持续发展能力建设上聚焦发力，在关系国家战略必争领域上聚焦发力，着力提升致命短板技术、关键共性技术、前沿引领技术、现代工程技术和颠覆性技术的突破能力，推进行业进入全球产业链高端环节，打造纺织重大原始创新策源地和世界级产业集群区域创新发展增长极。

《方案》的出台将完善创新体系和成果转换平台建设，推动构建由创新供给、创新需求和创新载体相融合的产业技术创新体系。《方案》将会鼓励行业龙头企业与国内外知名大学和科研院所建立战略合作关系，通过联合培养研究生、联合研究共性技术、联合建立新型研发机构、联合开发重点项目等方式，打造产业技术供给体系。方案将会推动细分领域的领军企业共同建设企业联合创新中心，借助产融结合和专业人员凝练和挖掘出企业愿意出资解决的"卡脖子"的难点、痛点和关键技术，定向发布企业提出的急待解决的技术需求，对接第三方专业科研院所、国内外大学共同研发满足需求的解决方案，打通技术需求和供给的通道。《方案》将推动"一体两制"等新的体制机制建立，构建成果转化平台，通过引进或积聚国内外领军人才，布局建设新型成果转化中介机构，推进创新供给与创新需求的有效对接。

《方案》的出台将实现双轮驱动，发挥好政府和市场的叠加效应。我国正在大力推进供给侧结构性改革，推动经济向高质量转变，既向科技创新提出了前所未有的巨大需求，也为成果转化应用提供了得天独厚的庞大市场。我们既要充分发挥市场在资源配置中的决定性作用，以技

术、资本、人才市场为纽带，强化技术创新的市场导向作用，由市场和企业来决定新技术、新产品、新业态的开发；也要发挥政府在推动科技创新上的引导作用，借助国家相关科技专项、基金等"政策性金融"，以及行业内国家级创新中心、孵化园、科技金融服务中心等创新平台，调动产业科技创新积极性，降低企业研发创新风险和成本。

《方案》的出台将打造高效、充满活力的科技创新环境。创新从来都是有风险和不确定性的。研发核心关键技术，意味着要承担比一般技术创新更大的风险、更多的失败。有核心技术不一定会赢，但没有核心技术一定不会赢。《方案》的出台有利于营造"鼓励创新、允许试错"的创新氛围，让广大科研人员解放思想、放下包袱、轻装上阵，敢啃"硬骨头"、勇闯"无人区"。同时，《方案》的出台将会进一步完善科技创新的政策体系、生态系统和文化环境，形成敢于创新、便于创新、乐于创新、尊重创新、保护创新的氛围。

（资料来源：工业和信息化部网站）

第三节 《轻工业稳增长工作方案（2023—2024 年）》

一、政策内容

轻工业是我国国民经济的优势产业、民生产业，在国际上具有较强竞争力。2022 年轻工业增加值占全部工业的 16.2%，是工业经济稳增长的重要力量。为深入贯彻党的二十大和中央经济工作会议精神，落实政府工作报告部署，把稳增长摆在首要位置，推动质的有效提升和量的合理增长，努力实现工业经济发展主要预期目标，工业和信息化部、国家发展改革委和商务部共同制定《轻工业稳增长工作方案（2023—2024年）》（下称"《方案》"）。《方案》提出 2023—2024 年轻工业稳增长的具体目标，增加值平均增速要达到 4%，规上企业营业收入规模突破 25 万亿元。重点行业规模稳中有升，主要产品国际市场份额保持稳定。新增长点快速发展，推广 300 项以上升级和创新产品，轻工百强企业竞争力进一步增强，培育升级 50 个规模 300 亿元以上轻工特色产业集群。轻工业在扩内需、促消费中的作用更加凸显，高端化、数字化、绿色化发展稳步推进，"增品种、提品质、创品牌"成效扩大，产业发展质量效益不断提升。从着力稳住重点行业、培育壮大新增长点、充分激发内需潜力、积极稳住出口优势、推动产业生态协调发展、提升产业链现代化水平等方面提出具体工作举措。最后出台了加强政策支持、加强标准引领、加强人才支撑、加强组织实施等保障措施。

在着力稳住重点行业方面，《方案》从家居用品、塑料制品、造纸、皮革、电池、食品六大领域提出相应措施。如在电池领域，要加快铅蓄电池、锂离子电池、原电池等领域关键技术及材料研究应用；大力发展高安全性锂离子电池、铅炭电池、钠离子电池等产品，扩大在新能源汽车、储能、通信等领域应用。在食品领域，要加快培育传统优势食品产区和地方特色食品产业，加强粮油、畜禽水产等优质原料基地建设。《方案》针对家用电器、皮革、洗涤用品等行业薄弱环节，提出加快研制技术创新路线图和产业链图谱，推动行业关键原材料、零部件、装备技术突破。同时明确，建设一批智能制造示范工厂和优秀场景，支持制鞋、家具、家用电器等行业开展个性化定制和柔性生产等。

在培育壮大新增长点方面，《方案》围绕老年用品、婴童用品、文体休闲用品、生物制造、预制化食品五个领域做出安排。在生物制造领域，《方案》要求，加大各类创新资源投入力度，支持有条件的地区开展生物基材料、非粮食原料生物能源等产品应用试点，推动活性原料生物制造规模化生产。在预制化食品领域，大力发展方便食品、自热食品、米面制品、预加工菜肴等产品形态；加强预制化食品标准制修订工作，积极培育新产业新业态，拓展多元消费场景。

二、政策影响

习近平总书记强调："要坚定实施扩大内需战略，维护经济发展和社会稳定大局"。轻工业是我国国民经济的优势产业、民生产业，是工业经济稳增长的重要力量。轻工业覆盖国民经济20个大类68个中类，涉及吃、穿、住、行、玩、乐、教等多个领域，是市场消费的支撑产业。2022年,轻工业营业收入和利润总额分别占全国工业的17.3%和16.9%，出口占全国出口总额的26.5%，带动就业3500万人，是稳增长、稳外贸、稳就业的主力军。《方案》的出台为轻工业构建了向内需发力、向

国际拓展、向高端跃进的新格局，是轻工业实现高质量发展的重要路径指南。《方案》针对性强、含金量高，把脉塑料制品等重点行业巩固优势，指导老年用品等领域开拓市场，以多种方式激发行业发展潜能，以有力措施提升产业链现代化水平。

《方案》的出台将加快推动轻工产业结构调整，推动补齐产业链短板弱项。首先，推动轻工业创新发展和优化升级。更好地引导社会投资方向，推动企业加快技术改造和设备更新，增强柔性生产和市场需求适配能力，扩大优质产品供给，促进产销协同、供需匹配。其次，推进轻工业数字化智能化发展。推动轻工行业重点领域智能制造关键技术装备、核心支撑软件、工业互联网等系统集成应用，不断提高数字化、智能化水平。最后，有利于提高轻工业绿色化发展水平。《方案》的出台加快轻工业绿色化关键技术研发，推广绿色基础制造工艺，开展清洁生产技术改造，降低污染物排放强度。推动进一步完善废旧家电回收处理体系，推进绿色智能家电下乡、家电"以旧换新"等活动，推动家电更新消费。

（资料来源：工业和信息化部网站）

第四节 《关于培育传统优势食品产区和地方特色食品产业的指导意见》

一、政策内容

长期以来，食品工业在保供给、稳就业、惠民生、促发展方面发挥着不可替代的作用，传统优势食品产区和地方特色食品产业是我国食品工业高质量发展的重要载体和关键增长引擎，对调节新时期城乡和农工关系、促进区域经济发展、加快构建新发展格局具有重要作用。为深入贯彻党的二十大精神，落实《国民经济和社会发展第十四个五年规划和2035 年远景目标纲要》，加快推动传统优势食品产区和地方特色食品产业发展，培育形成经济发展新动能，助力乡村振兴和共同富裕，工业和信息化部等十一部门制定《关于培育传统优势食品产区和地方特色食品产业的指导意见》（下称"《意见》"）。《意见》提出到 2025 年的主要目标，传统优势食品产区规模不断壮大，地域覆盖范围进一步拓展，地方特色食品产业发展质量和效益不断提升，供应链保障能力明显改善，一二三产融合水平持续优化，产业链现代化水平大幅提升，"百亿龙头、千亿集群、万亿产业"的地方特色食品发展格局基本形成。培育5个以上年营业收入超过1000亿元的传统优势食品产区，25个以上年营业收入超过100亿元的龙头骨干企业，打造一批全国知名地方特色食品产品品牌和地方特色小吃工业化典型案例。从增强优质原料保障能力、推动特色产业集群建设、提升技术、装备和设计水平、强化质量安全保障、培育特色品牌文化、加快转变发展方式、推广新业态新模式八方面提出主要任务。在主要任务中提出了特色农产品原料基地、重点地方特色食品产业集群、技术工艺及装备提升重点方向三大专栏，明确了米面制品、乳制品、植物油等不同品类特色农产品原料基地培育和发展方向。最后，提出加强组织实施、完善支持政策、健全标准体系、加快人才培养四方面保障措施。

二、政策影响

《意见》从供给和需求两侧协同发力，推动地方特色食品产业规模化、集群化、品牌化，对指导地方特色产业高质量发展、培育壮大区域经济增长点具有重要现实意义。《意见》为地方特色食品产业发展指明方向，提出"百亿龙头、千亿集群、万亿产业"的发展目标，将有力牵引带动地方产业体系建设，助推食品工业高质量发展。

《意见》为地方特色食品产业发展提供有力保障，立足产业发展实际需求，提出一系列务实管用的工作任务和配套举措。具体来看，一是特色产区发展首先要加强特色农产品原料基地建设，极具含"农"量。要着力增强优质原料保障能力，拓展加工原料品种、加强原料供应基地建设、强化农工利益联结机制，在"工农互促"中推进乡村振兴和迈向共同富裕。二是特色产业集群建设基础更加坚实，极具含"技"量。要着力强化产业链协同配套、开展大中小企业梯度培育、构建市场化培育体系。瞄定共性基础技术能力、先进装备供给能力、工业设计推广应用等发力点，加快产业科技创新。支持地方特色产业创品牌、拓市场。三是加快转变发展方式，极具含"金"量。支持绿色低碳和安全发展，要

求切实强化质量安全保障能力，指导提升数字化和智能化水平，鼓励新业态新模式发展应用。在新型工业化进程中更好释放传统产业活力，促进食品消费提质扩容，不断满足人民日益增长的美好生活需要。《意见》要求完善支持政策、标准体系、人才培养体系，加强组织实施，促进要素集聚和优化升级，将为产业发展提供重要支撑。

《意见》围绕食品工业全产业链推进，上下游协同发力，从农产品原料保障、产业集群建设到食品产业新业态新模式等进行一系列部署。值得一提的是，《意见》把加强农产品原料基地建设放在培育产业的关键位置，明确要丰富原料品种、建设原料供应基地等，特别提出鼓励企业聚焦特色农产品优势区，建立长期稳定的农产品原料供应基地，这将推动原料基地建设，让地方特色食品"原汁原味"。例如，产地是影响乳品品质的重要因素。通过龙头企业建设自有牧场等方式，有助于加深产业链协同，促进科技、人才等要素向产区流动，打造特色产业集群。

进行技术、标准赋能，是促进地方特色食品产业发展的着力点。《意见》明确鼓励地方特色食品龙头企业发挥链主引擎作用，加强科技创新，大力开展品牌和渠道建设，发挥聚合辐射效应，带动上下游中小企业发展，这将加快技术赋能，促进形成全产业链优势。

在聚焦推广新业态新模式上，《意见》提出一系列举措，加强与大型电商平台产销对接，积极打造集食品品鉴、文化创意、社群交往等功能为一体的地方特色食品消费场景等。推广新业态新模式，对提升食品产业价值链很重要。

（资料来源：工业和信息化部网站）

展望篇

第十一章

主要研究机构预测性观点综述

第一节　消费品

一、2023 年消费品市场分析及 2024 年展望

2023 年，随着党中央、国务院、各部委相继出台一系列扩内需、促消费政策，为我国消费市场能够尽快恢复活力、持续提质升级保驾护航，全年社会消费品零售总额实现 47.1 万亿元，同比增长 7.2%。2023年我国消费市场呈现出以下六大主要特点。

第一，服务消费需求显著增长。2023 年，随着政策的推动和服务业创新的深化，居民外出消费意愿得到显著提升，服务消费市场恢复势头强劲。服务零售额同比增长 20.0%，居民人均服务性消费支出增长 14.4%，在居民消费支出中的占比达到 45.2%，较上年提升了 2 个百分点。

第二，质价比消费推动行业变革。消费者对产品性价比的重视日益增加，促使品牌商和零售商通过研发创新、工艺改进、品质管理等手段降低成本，提升产品品质。同时，通过精简 SKU、优化供应链管理，降低流通成本，探索具有价格优势的零售业态。

第三，实用型消费彰显细分市场潜力。消费者趋向于理性消费，关注商品和服务的实际效用。商家通过细分市场和功能，推出个性化、精细化产品，满足消费者多样化的需求，激发新的市场需求。

第四，健康需求成为消费市场的普遍需求。后疫情时期，消费者的

健康意识显著提升，健康需求成为全年龄段消费者的常态化需求。健康元素的融入反映出人们对健康生活的追求。

第五，优秀传统文化激发消费新动力。文化自信作为国家和民族发展的重要力量，随着中华优秀传统文化的创造性转化和创新性发展，国货品牌和国潮新品的崛起，增强了民族自信和文化认同。

第六，绿色低碳引领消费新风尚。节能、环保、绿色元素的融入，使得绿色低碳消费理念成为推动经济高质量发展的新潮流。绿色有机食品、新能源汽车等产品受到市场欢迎。

进入 2024 年，消费品工业持续恢复性增长，有以下八大特点。

第一，社会消费品零售总额预计增长 5.5%左右。在国家政策的推动下，居民消费能力、消费环境、市场增长韧性和创新亮点都将得到提升，消费市场将保持稳定向好的恢复态势。

第二，投资效益提升促进经济良性循环。投资效益的持续提升，将通过增加民生领域基础设施投入和加快新质生产力的形成，促进消费和投资相互促进的良性循环。

第三，民营经济信心增强支撑消费稳定扩大。在政策支持下，民营企业的发展信心和发展质量得到提升，对稳定市场主体、经济基本盘和消费市场具有重要意义。

第四，营商环境优化助力消费市场健康发展。市场化、法治化、国际化的一流营商环境的营造，将进一步稳定社会预期，提振发展信心，激发消费潜力。

第五，以旧换新政策推动市场扩容提质。政府鼓励的以旧换新政策，将通过设备更新、回收利用等措施，推动消费品市场规模的稳定扩大和产品质量及服务水平的提升。

第六，居民收入稳步提升增强消费动力。居民收入的平稳较快增长和收入分配结构的优化，将增强居民的消费动力，特别是中等收入群体的扩大，将对消费市场产生积极影响。

第七，乡村全面振兴战略激发县乡消费潜力。乡村振兴战略的实施，将加快构建完善的县乡流通网络，激发县乡消费潜力，推动双循环新发展格局的建成。

第八，物价涨幅保持在合理水平可以扩大消费。积极的财政政策和

稳健的货币政策将保持物价稳定，为消费市场的扩大提供有利条件，预计居民消费价格将同比上涨 2.5%左右。

这些特点和预测表明，中国消费市场在 2024 年有望继续展现其活力和潜力，为经济的持续健康发展提供坚实的基础。

（资料来源：中华全国商业信息中心）

第二节　医药

一、2023 年我国医药工业运行分析

在 2023 年，中国医药工业在高质量发展的道路上取得了新的进展，特别是在技术创新、国际化和先进制造等方面取得了显著突破。然而，由于新冠疫情相关产品销售的减少，医药工业的主要经济指标同比出现了下滑。面对 2024 年，医药工业的发展仍然充满挑战，行业需要克服以下困难。

第一，行业整体增速下滑。根据国家统计局的数据，2023 年规模以上医药工业增加值约为 1.3 万亿元，同比下降 5.2%。规模以上医药工业企业实现营业收入 29552.5 亿元，同比下降 4%；实现利润 4127.2 亿元，同比下降 16.2%。这是多年来三项指标增速首次均为负增长，且分别低于全国工业整体增速 9.8、5.1 和 13.9 个百分点。全年走势呈现"W 型"，一季度下行，二季度降幅收窄，三季度再度触底，四季度有所回升。

第二，各子行业走势出现分化。中药饮片和中成药两个子行业的营业收入和利润保持正增长，尤其是中药饮片的增速达到了两位数。辅料包材和制药设备两个子行业的营业收入虽为正增长，但利润却出现了负增长。化学原料药、化学制剂、生物制品、卫生材料及医药用品、医疗仪器设备及器械 5 个子行业的营业收入和利润均为负增长。

第三，新冠疫情防控相关产品销售锐减。随着疫情防控形势的变化，2023 年新冠病毒检测试剂、疫苗以及防护用品等销售额有限，导致生物制品、卫生材料及医药用品 2 个子行业的营业收入和利润大幅下降。

第四，医药出口下降明显。2023 年医药出口交货值同比下降 16.3%，

低于营业收入增速，对行业增长的作用转为负面。在各子行业中，生物制品、卫生材料及医药用品等出口降幅最大。

第五，大量医药产品价格呈下降态势。从国家集采到地方联盟集采，药品和高值医用耗材集采范围持续扩大、种类增多，新进品种和续约品种都出现了不同程度的价格下降。激烈的市场竞争和产能过剩导致许多化学原料药价格下降明显，尤其是维生素、抗生素以及肝素等大宗出口产品。受项目减少和市场竞争影响，CRO/CDMO 服务价格也普遍走低。

第六，中药材价格明显上涨，造成中药企业成本上升。流通渠道（包括国际市场）去库存对工业企业营业收入产生了负面影响。

总体来看，2023 年医药工业经济指标出现负增长的最主要原因是上年新冠疫情防控产品销售导致的统计基数较高。如果与疫情前的 2019 年相比，2023 年的营业收入、利润分别增长 13% 和 19.4%，4 年期间年复合增长率分别为 3.1% 和 4.5%，基本处于合理水平。然而，一些非疫情相关的因素，如产品降价、医药出口放缓等，将持续影响今后一段时期行业的发展。

尽管面临挑战，多数企业仍保持了稳健经营。从上市公司 2023 年全年来看，超过六成的医药工业企业在全年保持增长，40 余家企业营业收入超 100 亿元，20 余家企业的净利润超过 10 亿元。医药工业取得了以下进展：

第一，国产创新药成果显著。2023 年创新药申报和获批数量较上年明显增多，共有 40 个创新药获批上市。获批创新药类型涵盖小分子靶向药、单抗、细胞疗法、疫苗等，获批适应证仍然以抗肿瘤为主，其次是抗感染、自免性疾病。从技术创新性看，新增 2 款 CAR-T 细胞治疗产品，首个四价流感病毒亚单位疫苗获批上市，舒沃替尼是肺癌领域首个获中、美"突破性疗法认定"的国产新药。从申报主体看，传统大型制药企业占有更大的比重，亦有迪哲医药、浦润奥生物、合源生物、驯鹿生物等生物科技公司实现了首个产品上市。

第二，出口下降态势趋缓。继 2022 年医药出口出现下滑，2023 年医药出口仍为负增长。全年规模以上企业实现出口交货值 3371.5 亿元，同比下降 16.3%。根据中国医药保健品进出口商会数据，2023 年医药产品出口额为 1020.56 亿美元，同比下降 20.7%，从季度数据看出口下降

态势逐步趋缓。

第三，化学仿制药品种数量大幅增长。2023 年 CDE 审结并建议批准仿制药上市申请共 1815 件，其中非集采品种增长迅猛；审评通过仿制药一致性评价 915 件（326 个品种），其中口服固体制剂 289 件（163 个品种），注射剂 626 件（163 个品种）。一致性评价过评品种居前列的企业是科伦药业、齐鲁制药和石四药等。仿制药品种数量快速增长加剧了市场竞争，伴随着药品集采实施，很多品种的竞争格局发生变化，一些传统优势企业行业地位受到挑战，一些纯 B 证企业成为新进入者，逐步成为仿制药领域的重要构成。

在此背景下，全行业企业需要洞悉形势，积极应对环境变化，苦练内功，开放合作，重组整合，促进行业转型升级和高质量发展。预计 2024 年医药工业能够恢复到稳定增长的轨道上来，达到新冠疫情前的增速水平。这需要行业内外共同努力，包括政府的政策支持、企业的创新能力和市场策略的调整，以及国际合作的深化，共同推动医药工业的持续健康发展。

（资料来源：中国医药企业管理协会）

第三节　食品

一、2023 年食品市场分析及 2024 年展望

回顾 2023 年，食品市场经历了一系列深刻的变革与调整，这些变化不仅反映了消费者需求的演进，也受到了宏观经济环境、行业政策、技术进步等多重因素的影响。在这一年中，我们可以观察到以下十大趋势，它们共同塑造了食品行业的新格局，并对 2024 年乃至未来的市场走向提供了重要指引。

第一，经济复苏乏力。2023 年，市场对中国新冠疫情后的经济复苏抱有极大期望，预测将出现强劲反弹。然而，由于全球经济环境的复杂性以及国内需求的低迷，这一期望并未实现。特别是餐饮业，作为受疫情影响最大的行业之一，尽管年初出现了一定程度的反弹，但随后的发展并不如预期，许多餐饮企业面临经营困难，甚至闭店。

第二，资本市场冷却。在 2023 年，A 股市场对 IPO 的审核趋于严格，导致多家消费类企业不得不撤回上市申请。与此同时，香港交易所成为不少食品消费类企业上市的新选择。然而，由于市场整体估值偏低，这些企业在港股市场的 IPO 发行量和估值普遍不高，资本市场的活跃度有所下降。

第三，人口结构变化。中国的人口结构正在发生变化，少子化和老龄化趋势日益明显。这一变化对消费市场产生了深远的影响，尤其是对食品消费领域。老年消费者群体的增长为银发经济带来了新的机遇，同时，人口向下沉市场的回流也为这些地区的市场发展提供了动力。

第四，理性化消费成为主流。2023 年，消费者在购买食品时更加注重性价比，这推动了市场向更加理性化的方向发展。企业之间的竞争也从单纯的规模扩张转向了产品力和价格的竞争。咖啡茶饮行业的价格战就是一个明显的例子，许多品牌开始推出更加平价的产品以吸引消费者。

第五，农产品价格下行。由于全球范围内的丰收，以及地缘政治的影响，2023 年农产品的国际价格普遍下降。这一趋势也反映在国内市场上，尤其是猪肉和禽肉等肉类产品，以及白虾、巴沙鱼等水产品，价格的下降对消费者和整个产业链都产生了影响。

第六，头部猪企的策略调整。面对生猪价格的持续低迷，头部养殖企业开始采取新的策略，利用金融工具来优化资源配置，修复资产负债表，并聚焦主业以应对行业的挑战。

第七，食品饮料健康化趋势加速。消费者对健康的关注日益增加，这推动了食品饮料行业健康化趋势的发展。市场上出现了更多添加益生菌、膳食纤维的功能性食品，以及无糖茶、零添加酱油等轻负担产品。

第八，咖啡茶饮行业的逆势扩张。尽管市场整体面临挑战，但咖啡茶饮行业却呈现出逆势扩张的趋势。瑞幸、库迪等品牌通过快速扩张门店数量，成功吸引了大量消费者。

第九，休闲零食行业的整合与降价。2023 年，休闲零食行业经历了一场显著的变局。年初，各大品牌为了争夺市场份额而展开激烈的价格战。到了年底，行业整合加速，头部企业通过整合和降价策略巩固市场地位。

第十，品牌跨界联名的热潮。2023年，品牌跨界联名成为营销的新趋势。茅台和瑞幸的"酱香拿铁"等联名产品成功吸引了消费者的注意，并取得了显著的市场效果。

随着2024年的到来，食品消费领域正站在新的发展起点上，一系列趋势开始显现并逐渐塑造着行业的未来。这些趋势不仅反映了消费者偏好的演变，也体现了技术革新、环境可持续性、经济全球化等宏观因素对食品行业的深远影响。在2024年，以下五大趋势值得行业内外的广泛关注和深入思考。

第一，消费分级的深化。随着人口和经济增长的变化，消费分级在各个维度上将进一步深化。居民收入的自然分化，消费升级和降级并存，政策引导和科技进步带来的"消费平权"力量不容忽视。

第二，海外布局的持续推进。在"一带一路"政策的支持下，国内食品饮料企业将继续推进海外布局。企业将面临供应链优化、适应当地消费习惯、与本土品牌竞争等挑战。

第三，健康产品的市场冲击。司美格鲁肽等"减肥神药"的流行，预示着健康产品对市场的冲击将更加显著。随着相关药品专利的到期，中国市场上的类似产品发展和对消费者食品偏好的影响将成为行业关注的焦点。

第四，气候变化对农业的影响。气候变暖和地缘冲突加剧了粮食短缺的危机。依靠人工智能等科技进步，推动农业向净零排放转型，将成为行业发展的重要机遇。

第五，合成生物科技的应用前景。合成生物科技在食品领域的应用展现出广阔的前景。政策扶持和技术落地将共同推动合成生物科技在食品营养强化、功能性食品开发等领域的应用。

展望2024年，食品消费领域将面临新的挑战和机遇。企业需要紧跟市场变化，把握消费分级的深化趋势，积极应对海外市场的机遇与挑战，关注健康产品的市场动态，应对气候变化带来的影响，并积极探索合成生物科技在食品领域的应用潜力。

（资料来源：厚生投资管理咨询）

第四节　纺织

一、2023 年纺织行业运行简况及 2024 年发展展望

2023 年，全球经济逐步摆脱新冠疫情的影响，开始缓慢复苏，尽管复苏力度较弱，但整体经济显示出一定的韧性。在中国，国内经济面临挑战但依然稳步前行，供需关系持续改善，高质量发展战略持续推进，经济向好趋势得到进一步巩固。在这样的大背景下，中国的纺织行业经历了一系列的变化和发展。

从行业整体情况看，中国产业用纺织品行业自新冠疫情后的高速增长期进入调整期。企业间竞争日益激烈，市场需求、生产、销售、进出口和投资等方面均有所下降。然而，从下半年开始，行业逐步进入边际修复阶段，尤其是 12 月份，主要经济指标出现显著反弹，全年盈利能力有所改善。根据中国产业用纺织品行业协会调研，2023 年产业用纺织品行业的景气指数为 67.2，处于景气区间，较上半年提高 15.2，较 2022 年同期上升 9.9。

从生产情况看，根据国家统计局数据，2023 年规模以上企业的非织造布产量规模较 2022 年有所下降，全年产量同比下降 3.6%。然而，随着汽车工业，特别是新能源汽车产销量的高速增长，帘子布的生产在上半年恢复正增长后增势不减，全年产量同比增长 9.1%。行业平均产能利用率约为 73.8%，较上半年提升 2.1 个百分点。

从经济效益看，产业用纺织品行业规模以上企业的营业收入与利润总额在 2023 年分别同比下降 5.8% 和 19.1%，但降幅较上半年有所收窄。营业利润率为 4.1%，较上半年提升 1.2 个百分点，显示出企业盈利能力有所改善。不同领域的表现也有所不同，非织造布企业的营业收入和利润总额分别同比下降 5.2% 和 19.1%，而绳、索、缆企业的营业收入和利润总额分别同比下降 1.7% 和 4.9%。大型企业的经营质效普遍优于中小企业。

从国际贸易看，根据中国海关数据，2023 年 1—12 月中国产业用纺织品行业的出口额为 387.7 亿美元，同比下降 11.2%，降幅较上半年有所收窄。同期，行业进口额为 52.2 亿美元，同比下降 14.9%。产业用

涂层织物和毡布/帐篷是行业的两大出口产品,其中产业用涂层织物的出口额突破 45 亿美元,毡布/帐篷的出口额为 38.4 亿美元,同比下降 12.5%。非织造布的海外需求持续回暖,出口量同比增长 9.1%,出口额为 38.1 亿美元,出口额降幅收窄至 3.1%。一次性卫生用品的海外市场保持活跃,出口额达到 33.2 亿美元,同比增长 11.7%。

从行业细分领域看,在非织造布领域,2023 年非织造布规模以上企业的营业收入和利润总额分别同比下降 5.2% 和 19.1%,营业利润率为 3.2%,较上半年提升 2 个百分点。在绳、索、缆领域,营业收入和利润总额分别同比下降 1.7% 和 4.9%,营业利润率为 3.6%,较上半年提升 1.6 个百分点。在纺织带、帘子布领域,营业收入和利润总额分别同比下降 6.1% 和 37.1%,营业利润率为 3.1%,同比下降 1.6 个百分点。在篷、帆布领域,营业收入和利润总额分别同比下降 11.7% 和 29.3%,营业利润率为 5%,同比下降 1.3 个百分点。在过滤、土工用纺织品领域,营业收入和利润总额分别同比下降 4.4% 和 8%,营业利润率为 6%,为行业最高水平。

尽管 2023 年中国纺织行业面临了诸多挑战,但整体而言,行业展现出了较强的恢复力和适应力。随着全球经济的逐步复苏和国内经济的稳定发展,纺织行业在下半年开始出现反弹,特别是在年末,主要经济指标的显著改善预示着行业的积极前景。展望未来,随着市场需求的进一步恢复和行业结构的持续优化,中国纺织行业有望实现更加稳健和高质量的发展。

展望 2024 年,中国纺织品行业将面临更为复杂的内外部环境。尽管存在一系列困难与挑战,但行业长期向好的基本趋势并未改变。科技创新、人才培养、产品开发方面的持续投资,增强了行业拓展新领域、抵御市场风险的内在动力。巨量的内需市场和多元的应用方向,将有力支持行业的可持续发展。

一是科技创新引领行业发展。科技创新是推动行业发展的关键力量。2024 年,预计行业将继续加大在科技创新方面的投入,通过研发新技术、新工艺,提升产品性能和附加值,增强行业竞争力。

二是人才培养为行业注入活力。人才是行业发展的根本。2024 年,行业将更加重视人才培养,通过校企合作、专业培训等方式,培养更多高素质的行业人才，为行业的可持续发展提供人才支持。

三是产品开发满足市场需求。产品开发是满足市场需求、拓展市场空间的重要途径。2024 年，行业将根据市场需求，开发更多具有创新性、功能性的新产品，满足不同领域的应用需求。

四是内需市场的巨大潜力。中国庞大的内需市场为产业用纺织品行业提供了广阔的发展空间。2024 年，随着国内经济的稳步增长和消费升级，内需市场的需求将进一步释放，为行业的发展提供强大的动力。

五是多元应用方向拓宽市场空间。产业用纺织品应用领域广泛，包括医疗卫生、环境保护、建筑交通等多个领域。2024 年，随着各领域对高性能、功能性纺织品的需求不断增长，多元化的应用方向将为行业带来新的增长点。

六是逐步走出疫情后的调整期。经过疫情的冲击和市场的调整，2024 年，产业用纺织品行业预计将逐步走出调整期，恢复增长态势。

七是经济指标恢复至中低速增长。随着行业逐步恢复增长，预计2024 年产业用纺织品行业的主要经济指标将恢复至中低速增长，展现出行业的发展韧性和潜力。

八是可持续发展的行业前景。综合考虑科技创新、人才培养、产品开发、内需市场和多元应用方向等多方面因素，预计 2024 年产业用纺织品行业将实现可持续发展，为国家的经济发展作出更大的贡献。

（资料来源：中国产业用纺织品行业协会）

第五节　电池

一、2024 年锂电池行业十大预测

高工产业研究院对 2024 年中国锂电池市场的前景进行了深入分析，并提出了十大预测。这些预测涵盖了市场出货量、增长率、材料出货量、产业链布局、产品创新、市场集中度、价格变化、原材料应用、产能利用和设备企业的生存状况十个方面。

第一，锂电池出货量突破 TWh 大关。中国锂电池产业在 2024 年迎来了重要的里程碑，出货量首次突破了 1TWh，这一数字标志着中国锂

电池产业的迅猛发展。根据预测，2024 年全年出货量将超过 1100GWh，同比增长超过 27%，正式迈入了 TWh 时代。其中，动力电池的出货量预计将超过 820GWh，同比增长超过 20%；而储能电池的出货量预计将超过 200GWh，同比增长超过 25%，显示出动力与储能锂电池市场的强劲增长势头。

第二，数码电池市场增长缓慢。在全球经济下行的大背景下，基建、钢铁、房地产以及大消费等领域的增速出现了下滑，这对消费类产品如电动工具、手机、平板以及笔记本电脑等产生了不利影响，进而导致了锂电池需求的减少。尽管如此，预计 2024 年中国数码电池的出货量将超过 50GWh，同比增长超过 3%。其中，3C 软包数码电池及电动工具用锂电池的出货量增长预计在 1%～2% 之间；而港口机械、自动引导车（AGV）等市场锂电池的需求预计可以实现 5% 以上的增长。此外，得益于产品价格的下降，小动力用锂电池市场预计将实现超过 15% 的增长。

第三，四大主材料出货量增长迅猛。预计 2024 年，中国锂电池用四大主材料的出货量增速都将超过 20%。具体来看，正极材料的出货量预计将超过 300 万吨，锂电隔膜的出货量预计将超过 220 亿立方米，负极材料的出货量预计将超过 200 万吨，而电解液的出货量预计将超过 130 万吨。在产品结构方面，磷酸铁锂正极材料在总出货量中占比接近 70%，三元正极材料的占比不足 26%。此外，磷酸锰铁锂材料的市场出货量预计将超过 3 万吨，同比增长超过 500%。受锰酸锂材料需求增长的推动，中国富锂锰基材料的出货量增长预计将超过 50%。

第四，锂电产业链海外布局加速。2023 年被视为中国锂电池产业链企业走向海外的一年。超过 20 家企业，包括锂电池企业、正极材料企业和设备企业等，在东南亚、非洲、东欧及南美（含中美洲）等地区进行了考察。然而，真正落地的企业并不多，大多数仍处于市场调研的初期阶段。随着国内市场竞争的加剧，预计 2024 年将成为国内锂电池产业链企业海外集中落地的一年，东南亚、东欧以及南美（含中美洲）将成为项目落地的主要区域。

第五，动力用大圆柱电池与（半）固态电池迎来新阶段。在新能源乘用车领域，2023 年国内（半）固态电池的出货量已经突破了 GWh 大关。结合头部主机厂的规划，预计 2024 年国内将有超过 5 款搭载（半）

固态电池的新车型上市销售，预计 2024 年（半）固态电池的出货量将达到 5GWh 级别。在动力用大圆柱电池方面，目前多极耳铝壳系大圆柱（3/4/6 系）电池已经实现了批量出货。动力用全极耳钢壳系大圆柱电池也已经完成了从"0—1"的量产突破，预计 2024 年将在乘用车领域迎来 GWh 级的批量交付，开启"1—10"的新阶段。

第六，快充锂电池实现"量+质"的双重突破。在 3C 软包数码电池领域，已经实现了 4C 以上的快充能力，并在消费市场得到了广泛应用。目前，国内已有超过 10 家动力电池企业布局了快充技术。当前主流的倍率性能集中在 1.3C～1.7C 之间，预计到 2024 年，国内动力电池市场的平均倍率性能将超过 1.7C，并逐渐向 1.7C～2.5C 迈进。预计 2024 年中国新上市的快充车型（平均充电倍率大于 2C）将超过 15 款，中国快充版车型的出货量有望超过 5 万辆。随着海外主机厂 800V 平台新车型的集中释放，预计将带动国内快充锂电池产品的出货量超过 10GWh。

第七，电池与材料市场集中度变化。从市场集中度的角度来看，2024年中国动力电池与储能电池市场的 CR5 集中度相比 2023 年将继续呈上升趋势。动力电池市场的 CR5 集中度将超过 90%，储能电池市场的 CR5 集中度将超过 72%。在材料方面，2024 年中国锂电铜箔、负极及三元正极市场的 CR6 集中度将与 2023 年持平（2023 年分别为 60%、78%、53%）。而隔膜、铁锂正极及电解液的 CR6 集中度将在 2023 年的基础上（2023 年分别为 77%、67%、73%）再下降 2～4 个百分点。

第八，锂电池产业链产品价格下降。预计 2024 年，锂电池产业链主要环节的产品价格将在 2023 年的基础上降价 5%～15%。其中，负极、电解液等环节的降幅预计在 5%～12%之间，而正极、隔膜等的降幅预计在 8%～15%之间。除了材料，2024 年锂电生产设备及相关零部件的价格也将在 2023 年的基础上继续下降，这将带动锂电池成本的下降，预计每瓦时的成本将下降元 0.03～0.06 元。

第九，原材料与电池组装线的创新。在原材料降本方面，低成本原材料的应用占比将持续增加。例如，负极用高硫焦在 2024 年有望实现"量"的突破，实现小规模批量出货，从而带动负极成品成本下降 5%～10%。此外，4.5μm 及以下超薄铜箔与复合集流体短期内难以实现10GWh 级规模放量，而 6μm 锂电铜箔仍将是主流的高性价比集流体材

料。在上游原材料折扣方面，预计 2024 年镍/钴/锂盐的计价系数将实现全线 90 折扣，相比 2023 年的 92～94 折扣有所下降。

第十，产能利用率与设备企业的生存压力。从产能利用率的角度看，2024 年国内动力电池市场的有效产能（不含未开工及未通过下游验证的无效产能）利用率将低于 60%，储能电池市场的有效产能利用率将不足 50%。多数新进企业新释放的产能将成为无效或低效产能。这一现象将加速无效产能的出清，同时，设备企业也将面临一定的生存压力。

锂电池产业在 2024 年展现出了强劲的增长势头，无论是在出货量、技术创新，还是在市场集中度和原材料成本控制方面，都取得了显著的进展。随着市场的不断成熟和国际竞争的加剧，中国锂电池产业有望继续保持其在全球市场的领先地位，并为未来的可持续发展奠定坚实的基础。

（资料来源：高工产业研究院）

第十二章

2024 年中国消费品工业发展形势展望

第一节　整体运行趋势

一、生产企稳回升，营收持续改善

稳增长政策的实施，将推动消费品工业经济稳中有升，预计 2024 年，消费品工业规模以上企业工业增加值同比增长 3.5%左右，其中轻工、食品、纺织、医药行业预计同比分别增长 4%、4%、3%、2%。同时，随着消费需求的进一步释放、产品库存的逐步消化，主要产品产量有望得到一定提升，保持稳中向好恢复态势。财政部出台一系列减税降费政策，为企业营收提供保障。消费品行业 PMI 生产经营活动预期指数连续多月高于 50%，位于扩张区间，预计 2024 年，规模以上消费品工业企业营业收入同比增长约 3%，有望超过 35 万亿元。

二、出口稳中向好，部分行业仍将保持增长

2023 年以来，消费品工业出口交货值触底反弹，轻工、食品行业增长明显，医药行业降幅收窄，纺织行业底部企稳。展望 2024 年，全球经济恢复好于预期，经济合作与发展组织的报告将 2024 年世界经济增长预期从 2.9%上调至 3.1%，超过 2012—2022 年 3%的平均水平。总体来看，2024 年我国消费品工业出口交货值增速将恢复正增长，食品饮料、日用化学品、化学纤维等行业出口额将稳步增长。

三、投资呈现良好增长势头，消费活力有望进一步提振

随着国家一系列稳经济、促投资、扩消费政策加力增效，《推动大规模设备更新和消费品以旧换新行动方案》等相关政策加快实施，将一定程度推动投资消费回暖。展望 2024 年，随着居民收入预期改善，消费将稳步复苏，特别是主要部门和地方密集出台房地产支持政策，预计 2024 年房地产相关消费有望低位复苏。总体来看，考虑到 2023 年同期低基数效应，预计 2024 年消费品零售额增速比 2023 年略低，增长 7% 左右，家电、家居等产品有望实现增长。

四、受地缘政治因素影响，部分行业受国际市场影响较大

全球经济增长仍然疲弱，国际政治风险加快向经济领域扩散。伊以冲突导致中东局势骤然升温，引发市场对原油供应的担忧，带动原材料价格上涨。同时，美国大选的不确定性因素引发市场观望情绪。国际经济贸易环境恶化迫使部分产能向海外转移，政治、安全等非市场因素成为全球产业供应链加速重构的重要驱动力。部分劳动密集型行业向东南亚和墨西哥等地区转移的趋势依然较强，农副食品加工业，纺织业，纺织服装、服饰业，皮革、毛皮、羽毛制品与制鞋业，家具制造业，木材加工业，化学原料等行业需警惕趋势性下滑的态势。

第二节　各子行业发展走势展望

一、医药

（一）行业整体增速放缓，各行业走势出现分化

受 2022 年新冠疫情防控产品销售导致的统计基数较高影响，2023 年医药工业整体运行呈现负增长，如果和疫情前的 2019 年相比，年均增速基本处于合理水平。预计 2024 年，中药饮片、中成药两个子行业营业收入、利润仍将保持正增长，尤其中药饮片的营业收入、利润或将保持两位数增长。随着疫情防控形势的变化，疫苗相关产品、生物制品、

检测试剂、防护用品等行业营业收入和利润将会大幅下滑。受产业链激烈竞争和内卷,加之集采不断扩面,药品控费政策扩大实施范围等影响,化学药、仿制药等相关产品价格走势仍不容乐观。

(二)研发创新不断提升,创新药产业规模扩大

在我国鼓励创新的大背景下,我国药企研发投入不断加大,创新药申报和获批数量较上年明显增多。国内新药研发逐步从 Me-too 类为主向 First-in-class 和 Best-in-class 类升级,细胞和基因疗法、抗体偶联、RNA 疗法、新型递送、AI 药物研发、生物制造等技术被广泛应用于新药研发,预计在国内外产业环境利好情况下,我国生物医药创新将进入快车道,企业产品在研管线不断拓宽,生物医药研发投入、在研新药数量均将呈现大幅增长,完成临床研究申报上市品种继续增多。一些仿创结合的大型企业,如恒瑞医药、正大天晴、齐鲁制药、先声药业等新药管线日益丰富,年销售超 10 亿元的新药单品增多。

(三)出口形势稳中向好,新药出海逐步加快

从国际市场看,海外需求总体不足,一些国家策动药品供应链"去中国化",着力对我国生产的原料药进行替代,导致原料药价格下降,部分产品采购分流。虽然 2023 年医药整体出口金额下降,但是从季度数据看,出口下降态势逐步趋缓。预计 2024 年医药出口将逐步企稳和恢复增长,特别是国内企业开发的创新药通过自主注册或产品合作等方式在美国和欧盟获批上市数量逐渐增多,同时企业积极开拓东南亚市场以及"一带一路"共建国家和地区市场,开展产品注册,未来新药、生物类似药的国际市场空间依然较大。

二、纺织

(一)纺织品服装内销回暖,新经济带动消费空间扩容

根据国家统计局数据显示,2023 年全国限额以上单位服装、鞋帽、针纺织品零售额同比增长 12.9%,增速较 2022 年大幅回升 19.4 个百分点,整体零售规模超过新冠疫情前水平;网上穿类商品零售额同比增长

10.8%，增速较 2022 年回升 7.3 个百分点。我国人均纤维消费量达到 26 公斤左右，消费数量和结构已经与人均国内生产总值 2 万～3 万美元的中等发达国家水平相当。预计 2024 年在国家相关促内需政策的刺激下，全国纺织服装行业零售额将稳步回升，网上零售额也将呈现快速增长。随着国风国潮、大健康产品、直播经济及自主品牌蓬勃发展，这些消费热点与纺织行业的结合空间仍有较大发展潜力。

（二）出口延续恢复态势，新增产能压力逐步释放

2023 年以来我国纺织品服装出口持续恢复，随着我国纺织行业国际分工地位的改变，产业链各类主要产品的对外贸易结构正在调整和优化，预计化纤及其制品的出口份额仍将呈现较好增长态势，新增产能的压力将有所缓解，有助于避免供需矛盾进一步升级，但近两年累积下来的新增产能的释放仍需要市场去消化。预计 2014 年，我国对主要市场纺织品服装出口整体将延续修复态势，我国纺织品服装对美国、欧盟出口规模有望与上年同期基本持平，对加拿大、乌克兰以及东盟市场出口额将实现良好增长。

（三）创新不断突破，加快新质生产力的发展

我国纺织行业高性能纤维产能占全世界的比重超过三分之一，2023 年出口额同比增长 14.4%。纺织机械自主化率超过 75%，出口额居世界首位，高端装备关键基础件国产化率超过 50%。2023 年，产业用纺织品的年产量稳定在 1900 多万吨，在关键应用领域的国产化率稳步提升。预计 2024 年，整个创新环境不断优化，特别是纺织工业加快与生物经济、绿色经济、低空经济等先导产业加速融合，在大健康、大家居、航空、建筑、海运等领域不断实现更加多元、更深层次的应用。

三、食品

（一）国际形势不稳定造成部分原料和产品出口不确定因素增加

国际形势持续复杂演变，部分地区经贸存在不稳定因素，进出口贸易均存一定风险。在原料进口方面，我国益生菌株、发酵剂、酶制剂等

关键物料依赖进口，主要产品进口率在 70%以上。高油大豆、玉米、食糖等原料结构型短缺问题依旧突出，全球谷物及农产品原料价格普遍持续上涨，部分国家针对重点粮食、农产品等开展出口禁令或限制，助推食品加工产业链成本上涨，预计受原料成本上涨影响，农副食品加工业盈利水平和企业利润总额将下降。在产品出口方面，受全球经济增长放缓、主要经济体消费疲软、地缘政治复杂演进等多重因素影响，出口订单面临更多不确定性，随着 RCEP 等一系列区域贸易协定实施，与东盟和周边国家贸易一体化进程将加快。

（二）食品工业新技术、新经济、新模式快速发展

生物技术与信息技术加快融合发展，助力大宗生物发酵产品生产提质增效，带动微生物蛋白、细胞培育肉制品、人工合成淀粉等一批新兴产业加快成长，逐步成为开发新食品资源、缓解食物供给与环境资源矛盾的重要解决方案，并将有力带动新型包装、装备制造等领域发展。预制化食品产业已成为食品工业的重要增长点，年市场规模超过 5000 亿元，同时，中央厨房在我国连锁经营餐饮企业渗透率超过 80%，预制化加工有力带动食品及餐饮消费提质扩容。随着碳达峰行动深入实施，绿色低碳转型成为食品工业新时期的重要任务，全生命周期绿色发展理念向生产加工、低碳包装、仓储物流、绿色消费等全链条环节拓展，食品"碳标签"和零碳食品、碳中和工厂、碳排放交易等将得到更为广泛地推广。

（三）食品产区特色鲜明，呈现百花齐放、多业并举、共建共享新态势

食品产业形成鲜明的"产品-产区-品牌"映射关系，呈现"百花齐放"产业发展格局。各地方积极落实地方特色食品产业政策，因地制宜加快打造细分领域优势集群、示范区、专业园区。同时，相近地域优势产区合作得到加强，通过平台建设、开放能力等方式，对产业链、供应链、创新链进行整合，降低重复建设成本，促进原料资源、加工能力、营销渠道等合作共赢，提升协同发展水平。此外，电商新模式加快发展，与实体经济加速融合，"电商产业基地""数字产业带"成为助力县乡特

色产业创品牌、拓市场的有效手段，有效提升产品辨识度，拓展消费半径，助推区域特色产品走向千家万户，带动中小企业借助区域品牌 IP实现"抱团发展"。

四、轻工

（一）企业经营压力较大，部分行业亏损依然较重

由于市场有效需求不足，部分轻工行业产能利用率和产品销售率较低，导致企业利润和利润率大幅下滑，运营和流动资金压力加大。同时，用工、原材料、物流等成本上升，进一步挤压企业利润空间。在用工方面，多地上调最低工资标准，这对家具等部分劳动密集型轻工行业来说成本压力尤为明显。数据显示，轻工业用工人数接近全部工业的四分之一。在原材料方面，受化工、能源等大宗生产要素成本上涨的影响，塑料、日化等轻工行业原材料成本可能进一步攀升。在需求不足和成本上升的双重挤压下，家具制造业、塑料制品业等行业亏损程度依然明显。

（二）外需不确定性增加，轻工出口呈结构性变化

当前，地缘政治冲突、去全球化、债务危机蔓延以及普遍的经济脆弱性等不确定性、不稳定性因素持续拖累全球贸易活动。2024 年包括美国在内的 70 多个国家和地区将举行重要选举，新任领导人对华贸易态度尚不明朗，轻工产品出口贸易不确定性逐渐凸显。根据 IMF预测，2024—2025 年全球 GDP 增速为 3.1%和 3.2%，发达经济体增速为 1.5%和 1.8%，新兴经济体增速为 4.2%和 4.2%，伴随着新兴市场消费升级、城镇化率提升，我国轻工行业对东盟及新兴市场的出口空间有望持续释放，而我国对欧美出口的家具、灯具、玩具、运动用品等传统优势产品订单呈持平或者微降状态。

（三）行业分化明显，全产业链改造升级难度较大

轻工行业量大面广，细分行业之间发展不平衡问题突出。2023 年，以太阳能电池、电动自行车、家用电器等为代表的轻工绿色制造、智能制造行业快速成长，成为推动轻工行业高质量发展的新动能。而以皮革、

家具等为代表的传统轻工行业改造升级步伐缓慢，整体创新能力、数字化绿色化水平不高，仍处于产业链和价值链中低端，在内外部不利因素的冲击下，预计 2024 年，皮革、家具、五金、玩具、乐器、自行车等传统轻工行业工业增加值、营业收入、利润总额等主要经济指标与新动能行业发展会存在一定反差，传统轻工产业高端化、数字化、绿色化转型任务依然较重。

后　记

为全面展示过去一年国内外消费品工业的发展态势，深入剖析影响和制约我国消费品工业发展的因素，展望未来一年的发展形势，我们组织编写了《2023—2024年中国消费品工业发展蓝皮书》。

本书由秦海林担任主编，李博洋、代晓霞、杨俊峰负责书稿的组织编写工作，王旭（第一章）、陈娟（第二章）、于娟（第三章）、魏国旭（第四章）、许靖（第五章）、王曦（第六章）、贾帆（第七章）、路煜恒（第八章）、杨俊峰（第九章）、金玮、谷明遥（第十章）、张笑、陈平方（第十一章）、曹慧莉（第十二章）、李磊（第十三章）、代晓霞（第十四章）等参与了书稿编写工作。在本书的编写过程中，我们得到了工业和信息化部消费品工业司的何亚琼司长等诸位领导的悉心指导和无私帮助，在此表示诚挚的谢意。

本书是目前国内唯一聚焦消费品工业的蓝皮书，我们希望通过此书的出版，能为消费品工业的行业管理提供一定的指导和借鉴。由于我们的研究水平有限，加之时间仓促，书中一定存在不少疏漏和讹谬之处，恳请各位专家和读者批评指正。

中国电子信息产业发展研究院

赛迪智库

面向政府·服务决策

奋力建设国家高端智库

思想型智库　　国家级平台　　全科型团队
创新型机制　　国际化品牌

《赛迪专报》《赛迪要报》《赛迪深度研究》《美国产业动态》《赛迪前瞻》

《赛迪译丛》《国际智库热点追踪周报》《工信舆情周报》《国际智库报告》

《新型工业化研究》《工业经济研究》《产业政策与法规研究》《工业和信息化研究》

《先进制造业研究》《科技与标准研究》《工信知识产权研究》《全球双碳动态分析》

《中小企业研究》《安全产业研究》《材料工业研究》《消费品工业研究》《电子信息研究》

《集成电路研究》《信息化与软件产业研究》《网络安全研究》《未来产业研究》

**思想，还是思想，才使我们与众不同
研究，还是研究，才使我们见微知著**

新型工业化研究所（工业和信息化部新型工业化研究中心）

政策法规研究所（工业和信息化法律服务中心）

规划研究所

产业政策研究所（先进制造业研究中心）

科技与标准研究所

知识产权研究所

工业经济研究所（工业和信息化经济运行研究中心）

中小企业研究所

节能与环保研究所（工业和信息化碳达峰碳中和研究中心）

安全产业研究所

材料工业研究所

消费品工业研究所

军民融合研究所

电子信息研究所

集成电路研究所

信息化与软件产业研究所

网络安全研究所

无线电管理研究所（未来产业研究中心）

世界工业研究所（国际合作研究中心）

通讯地址：北京市海淀区万寿路27号院8号楼1201 邮政编码：100846

联系人：王 乐　　　联系电话：010-68200552 13701083941

传　真：010-68209616　　电子邮件：wangle@ccidgroup.com